Lilo Schmitz

Gut beraten in der Schule

Ein Praxisbuch

Für Julie, Leandra und Melina

Lilo Schmitz

Gut beraten in der Schule

Ein Praxisbuch

Unser Buchprogramm im Internet
www.verlag-modernes-lernen.de

Externe Links
Der Verlag weist ausdrücklich darauf hin, dass eventuell im Text enthaltene externe Links vom Verlag nur bis zum Zeitpunkt der Buchveröffentlichung eingesehen werden konnten. Auf spätere Veränderungen hat der Verlag keinerlei Einfluss. Eine Haftung des Verlages ist daher ausgeschlossen.

Veröffentlicht in der Edition:
verlag modernes lernen Borgmann GmbH & Co. KG
Schleefstraße 14 · D-44287 Dortmund

Gesamtherstellung in Deutschland: Löer Druck GmbH, Dortmund

Titelillustration: Thomas Kaintoch

Bestell-Nr. 4369 ISBN 978-3-8080-0880-5

Inhalt

1. Beratung in der Schule 9

1. Beratung in der Schule

Schule als Lern- und Lebensort

Schule hat sich in den letzten Jahrzehnten von einer Lern-Institution zu einem Lebensort und Lebensmittelpunkt der SchülerInnen[1] gewandelt. Was sich früher in Familien, Vereinen oder unorganisiert im Freundeskreis abspielte: Mittagessen, Hausaufgaben, Sport, Freizeitaktivitäten – spielt sich heute für viele SchülerInnen in Ganztags-Schulen, Übermittag-Betreuung und Offenen Ganztagseinrichtungen ab.

Damit haben sich auch die Aufgaben von professionell in der Schule Tätigen verändert. Neben Lernprozessen geraten verstärkt auch Prozesse der gesamten psychosozialen Entwicklung, des familiären und Freizeit-Umfelds der SchülerInnen in den Blick, und pädagogische und beraterische Fähigkeiten in großer Bandbreite sind gefordert.

Beratung – eine kurze Definition

In diesem Praxisbuch wird Beratung verstanden als zielgerichtete und in der Absicht förderliche Kommunikation zwischen mindestens zwei Personen. Anders als beim Alltagsgespräch und Austausch stehen in der Einzelberatung Anliegen und Wünsche *einer* Person im Mittelpunkt, während die beratende Person ihre eigenen Anliegen und Lebensthemen zurückstellt.

Beratung folgt weder grundsätzlich einer festen Form und Länge noch einer bestimmten Anzahl von Treffen. Beratung kann in formalem Rahmen oder informell und ad hoc erfolgen. Der Begriff „Beratung" kann 5 Minuten an einer Tischtennisplatte genauso umfassen wie wöchentliche fest vereinbarte Treffen mit genauem Zeitrahmen.

1 *Dieser Text verwendet männliche, weibliche und Endungen mit Binnen-I in bunter Mischung.*

Beratung in der Schule möchte ich abgrenzen von Therapie, die ich als Heilung oder Nachsozialisation betrachte und die in der Regel außerhalb des schulischen Rahmens durchgeführt wird.

Auch wenn Beratung offen für alle Anliegen ist: Sie findet im Kontext und innerhalb der Strukturen von Schule statt.

So bedeutet Beratung in der Schule, dass die Beraterin in aller Regel dort ihren Beruf ausübt (beispielsweise als Lehrerin, Integrationshelferin oder Sozialpädagogin), Beratung nur einen Teil ihrer beruflichen Aufgaben ausmacht und die Beratung meist im Bezug zum schulischen Alltag geschieht. Hier besteht bei Beratung in der Schule eine Parallele zum innerorganisatorischen Coaching – weniger zum Coaching in freier Praxis, wo der Coach unabhängig von der Organisation agieren kann.

So können Sie dieses Praxisbuch nutzen

Das Praxisbuch vereint einführend philosophisch-lerntheoretische Grundannahmen einer ressourcen- und potenzial-orientierten Beratung in der Schule mit praktisch-handwerklichen methodischen Anregungen.

Im umfangreichen Praxisteil finden sich dann ganz konkrete Anregungen und Beispiele für die Beratung von SchülerInnen, Eltern und schließlich KollegInnen.

Vielleicht finden Sie es hilfreich, das Buch von vorne nach hinten durchzuarbeiten. Vielleicht blättern Sie aber auch zu den Anregungen durch, die Sie gerade jetzt brauchen.

Ein Grundsatz guter Beratung aus der lösungsfokussierten Schule lautet: „Repariere nichts, was nicht kaputt ist!“ Das trifft auch für die Vorschläge in diesem Buch zu. Bewahren Sie sich Ihre eigenen Beratungsstrategien, die passen und Sie zufrieden machen. Ändern Sie daran nichts! Wo Sie sich aber fragen „Könnte das nicht besser gehen?“, sind Sie eingeladen, Bausteine und Elemente des Praxisbuches auszuprobieren und mit Ihrem eigenen Stil zu füllen. Die Beispiele im Text wollen Sie dabei nicht festlegen, sondern Sie dazu anregen, zu eigenen für Sie und Ihre Schule passenden Formulierungen zu kommen.

Rolle der Beratung in der Schule

Beratung in der Schule ist geprägt von verschiedenen Faktoren:

a) Unterschiedliche Situationen, in denen sich die Beratenen befinden

Da sind zum einen SchülerInnen mit ihren innerschulischen (individuellen oder gruppenbezogenen) Anliegen, aber auch mit ihren außerschulischen Anliegen, wenn das Vertrauen und die viele gemeinsam verbrachte Lebenszeit sie in der Schule Rat suchen lassen.

Da gibt es aber auch die nicht von den SchülerInnen selbst, sondern von KollegInnen oder Verwaltung initiierte „Beratung", bzw. das Kritikgespräch, das einem Schüler vorgeschlagen oder auch aufgezwungen wird, um im Einzelgespräch das Gesamt der Schule wieder arbeitsfähiger zu machen.

Eltern als Beratene sind gegenüber der Schule wiederum in einer anderen Position. Sie sind zwar (wie alle KlientInnen sozialer Dienstleistungen) in der Lage, Ärger zu machen, aber begreifen sich eher als der Schule ausgeliefert, die über Noten und Laufbahn ihrer Kinder (mit-)entscheidet.

KollegInnen als Beratene agieren eher aus einer gleichrangigen Position heraus. Eine Ausnahme bildet hier die kollegiale Beratung durch die Schulleitung.

b) Unterschiedliche professionelle Rolle und Ausbildung der Beratenden

Beratung wird von Schulleitung, LehrerInnen, BeratungslehrerInnen und SchulsozialarbeiterInnen, IntegrationshelferInnen, aber gelegentlich auch von ehrenamtlichen Kursleitungen, technischen MitarbeiterInnen und ElternvertreterInnen durchgeführt. Während die SchulsozialarbeiterInnen im Studium oft auf eine lebensweltlich orientierte Beratung hin ausgebildet worden sind, haben nur wenige LehrerInnen eine Beratungsschulung in Studium oder Referendariat erfahren. Sie beziehen ihr Beratungswissen von Modellen erfahrener KollegInnen und durch eigenes Trial-and-Error-Lernen, ggf. auch aus Büchern oder Fortbildungen. Eine fundiertere Ausbildung erhalten dagegen die BeratungslehrerInnen, die durch ihre jeweilige Bezirksregierung geschult werden.

c) Unterschiedliche Beratungsmodelle

Ausgebildete BeraterInnen arbeiten meist eklektizistisch – sie haben einen Beratungsansatz gründlich gelernt und kombinieren diesen mit für sie nützlichen und plausiblen Elementen anderer Beratungsschulen. Schließlich belegt die Wirkungsforschung, dass nicht Technik und Methode, sondern vielmehr Engagement auf Seiten der Beratungs-KlientInnen der wichtigste Faktor einer wirkungsvollen Beratung ist. Dennoch führt der gelernte Beratungsansatz im Alltag zu jeweils unterschiedlichen Akzenten in Haltung und Technik.

d) Unterschiedliche Rollen in der Beratung

Ebenso wie die KlientIn aus ganz unterschiedlichen Situationen und Kontexten kommt, tritt ihr auch die professionelle Fachkraft in unterschiedlichen Rollen entgegen, z. B. als:

BeraterIn

In der reinen Rolle „BeraterIn“ gibt es idealtypisch keine anderen Aufträge, Rollen und Interessen. Ein Berater kann den Anliegen und dem Tempo des Klienten folgen, denn er ist zwar wohlwollend, dem Ausgang des Prozesses gegenüber jedoch leidenschaftslos.

ExpertIn

Die Expertin kennt sich in Bereichen, die für die Klientin wichtig sind, sehr gut aus. Wenn ihr Expertinnen-Wissen gefragt ist, kann sie der Klientin beispielsweise in Fragen des Zugangs zu materiellen Ressourcen, Fragen der Entwicklung, medizinischen Fragen usw. behilflich sein. Die Kunst im Beratungsprozess besteht darin zu erkennen, wann die Klientin für eine Expertinnen-Meinung offen ist und wann eher allgemeine Beratungsstrategien gefragt sind.

RessourcenbeschafferIn und KontrolleurIn

Möglicherweise kann die Beraterin im Rahmen ihres Arbeitsfeldes wichtige Ressourcen beschaffen oder verteilen. Vielleicht soll sie auch den Schüler kontrollieren und ihm bestimmte Vergünstigungen entziehen, wenn dieser seinerseits nicht mitarbeitet. Diese Situation kann die Offenheit der Klienten im Beratungsprozess grundsätzlich stören. Wenn die Beraterin dies als legitime Selbstsorge der KlientInnen akzeptiert, wenn sie ehrlich, freundlich und zuverlässig bleibt, kann sich eine von Respekt getragene Zusammenarbeit ergeben.

BeraterIn mit externen AuftraggeberInnen

Zusätzlich zur Klientin kann es weitere und ggf. wichtige implizite oder explizite AuftraggeberInnen geben, die Erwartungen an die Beratungssituation haben, die nicht unbedingt mit den Erwartungen der Klientin übereinstimmen. Dies kann den Berater in Interessenkonflikte stürzen. Auch hier sind Klarheit der Aufträge, Ehrlichkeit, Bedächtigkeit und Zuverlässigkeit wichtige Schlüssel zu gelingenden Beratungsbeziehungen. Bei der Klärung der verschiedenen Aufträge helfen Team und Supervision.

LehrerIn und AnwältIn

Hier bringt der Berater aus seinem eigenen Berufsfeld als Lehrer oder Sozialarbeiter eigene Ziele mit und hat eigene Vorstellungen über wünschenswerte Entwicklungen. Diese müssen nicht immer mit den Wünschen, den Anliegen und dem Tempo der KlientIn zusammenpassen. Deshalb ist es wichtig, dass die Beraterin ihre Ziele immer wieder überprüft und hinterfragt und sie mit den abweichenden Zielen der KlientIn und kritischen Stimmen aus dem eigenen Berufsfeld abgleicht.

Mischformen

Die meisten Beratungssituationen in der Schule bestehen aus einer Mischung dieser unterschiedlichen Rollen und erfordern eine genaue Auftrags- und Beziehungsklärung, wie sie in Zusatzausbildungen geschieht und auch Thema einer Supervision werden kann.

Schule – kein machtfreier Raum

Schule ist kein machtfreier Raum. Schule trifft und beeinflusst wichtige Entscheidungen zu

- Bildungswegen
- Berufswegen
- Freundschaften und sozialen Arrangements
- persönlichem Wohlbefinden und
- Qualität des Lebensorts „Schule"

BeraterInnen in der Schule begegnen den Schülern wie den Eltern und Kollegen nicht mit der konsequenten Parteilichkeit und Vertraulichkeit z. B. einer niedergelassenen Psychotherapeutin, sondern eher in mehreren Rollen und eingebunden in Verbindlichkeiten und schulische Vorschriften.

Der Inhalt der Beratung kann ggf. die Notengebung beeinflussen und Verpflichtungen können die Vertraulichkeit des Gesprächs einschränken. Deshalb sind Geduld und Gelassenheit gefordert, wenn unser Gegenüber ein gewisses „impression management" betreibt und ggf. sogar lügt.

Hilfreiche Grundannahmen über Schule

Beratung, wie sie in diesem Praxisband vertreten wird, geht als Arbeitshypothese – ganz im Sinne einer humanistischen Psychologie – zunächst von der grundsätzlich guten Absicht Aller aus, die im Kontext von Schule aufeinandertreffen. Wie eine gedeihliche Schulgemeinschaft zu schaffen ist, Lernprozesse zu fördern sind und die Entwicklung der anvertrauten jungen Menschen bestmöglich unterstützt werden kann – darüber gibt es unterschiedliche, auch kontroverse Theorien und entsprechend unterschiedliche Praxen. Das Beratungsmodell dieses Buches unterstellt jedoch allen Beteiligten zunächst einmal guten Willen und ein ehrliches Interesse an einer förderlichen Umgebung.

Deshalb basiert dieses Buch auf folgenden

Grundannahmen über SchülerInnen

- Kinder und Jugendliche freuen sich über gute Beziehungen zu ihren Eltern, Mitschülern und Lehrern und möchten von diesen anerkannt sein.
- Kinder und Jugendliche haben einen eigenen starken Drang zu lernen und zu wachsen. Sie sind neugierig, wissbegierig und haben Freude an wachsenden Erfolgen.
- Kinder und Jugendliche wollen „dazugehören" – in ihren Gruppen und in altersgemischten Gruppen wie Familien, Vereinen und Nachbarschaften.
- Bis zu unserer Begegnung haben SchülerInnen schon Vieles gelernt, erfahren und erprobt. Sie haben für sich und die jeweiligen Situationen passende Lösungsstrategien gefunden und Vieles richtig gemacht.

Grundannahmen über LehrerInnen

- LehrerInnen haben den Beruf gewählt, weil sie sich die Förderung von Kindern und Jugendlichen zutrauen und darin gut sein möchten.
- Sie haben ihre biografisch und persönlich entstandenen Grundüberzeugungen, wie eine gute Förderung aussehen sollte.
- Sie haben – durch Übernahme von Modellen und eigene Erfahrungen – passende Handlungsroutinen entwickelt.
- Sie haben Schüler bereits in der Vergangenheit gut gefördert, unterrichtet und beraten.
- Sie lernen gerne weiter, wo es ihnen sinnvoll erscheint und ihren Alltag leichter macht.

Grundannahmen über Eltern

- Eltern lieben ihre Kinder.
- Fähigkeiten und positive Eigenschaften der Kinder wurden von den Eltern – bewusst oder unbewusst – gefördert.
- Eltern haben viele gute Strategien entwickelt, um ihre Kinder zu fördern.
- Eltern sind kooperativ, wenn es um gemeinsame Bemühungen zum Wohle ihrer Kinder geht.
- Sie arbeiten mit und sind Kooperationspartner für die Arbeit an den Anliegen der Jugendlichen.

2. Was heißt „Gut beraten“? Menschenbild, Philosophie, Grundhaltungen 19

2. Was heißt „Gut beraten"? Menschenbild, Philosophie, Grundhaltungen

Weltsicht und Wurzeln

Die meisten Beratungsansätze – vor allem die systemischen und humanistischen – vertreten eine konstruktivistische Sicht der Welt und des Menschen. Danach schaffen Menschen ihre Welt durch Interpretation und Konstruktion dessen, was sie vorfinden und handeln entsprechend. Die reale Welt mag existieren, aber gesehen, interpretiert und behandelt wird sie individuell unterschiedlich. Dabei spielen die Zugehörigkeiten zu vielfältigen Gruppen (Milieu, Bildung, Beruf, Geschlecht, Ethnizitäten, Sprachen, Religionen) zwar eine Rolle, ermöglichen aber dem Individuum seine ganz persönliche und dynamische Positionierung innerhalb dieser Zugehörigkeiten.

Wenn Menschen über persönliche Anliegen miteinander sprechen, entsteht bei aller Verschiedenheit eine transpersonale Begegnung, wie sie Carl Rogers („Du und Ich") schon im Anschluss an Martin Buber formuliert hat. Diese Begegnung kann begleiten, begeistern, heilen. Dies sind die Wurzeln der humanistischen Psychologie.

Ebenfalls Erbe der humanistischen Psychologie ist das grenzenlose Vertrauen in das Gute im Menschen. Die Umsetzung dieses Vertrauens in konkrete Beratungsmethoden ist das Verdienst der lösungs- und ressourcenfokussierten Schulen von Berg/de Shazer und ihren SchülerInnen – für den Bereich von Schule sei hier besonders Ben Furman erwähnt.

Merkmale guter BeraterInnen

Carl Rogers hat in seinem humanistischen Beratungsmodell hilfreiche Grundhaltungen der BeraterIn isoliert, die ich für den Bereich der Beratung in der Schule erweitern möchte:

Kongruenz

Jedes Kind und jede Jugendliche hat ein ehrliches und aufrichtiges Gegenüber verdient, das in gutem Kontakt mit sich selbst, seinen Stärken und Schwächen nicht lügt, sondern in echtem Kontakt hier und jetzt zugegen ist, ohne Falsch, aber durchaus mit Ecken und Kanten. In der Beratung geht es um eine respektvolle Begegnung von Mensch zu Mensch. Keiner der Beteiligten ist mächtiger als der andere, höchstens im schulischen Kontext abhängiger!

Empathie

Jeder Mensch erlebt und interpretiert die Welt, seine Umgebung und sich selbst auf seine ganz spezielle Weise. Die Innenwelt eines anderen Menschen zu verstehen ist ein gewagtes und anspruchsvolles Unterfangen. Kommunizierend (durch Sprache oder Nähe oder Aufmerksamkeit / Achtsamkeit) - manchmal auch intuitiv – können sich Menschen dieser Innenwelt, diesen Erlebnissen und Interpretationen anderer Menschen annähern und sie sich begreifbar machen.

Akzeptanz der Person

Auch wenn einzelne Taten und Aktionen nicht gutgeheißen werden können: Jedes Kind und jeder Jugendliche ist liebenswert und hat einen Menschen verdient, der mit liebevollen und bewundernden Augen auf ihn/sie schaut. Das wird der einzelnen LehrerIn / BeraterIn nicht immer gelingen. Wo Pädagogen dies nicht gelingt, sollten sie alles tun, jemand anderen für die Arbeit mit diesem Kind / diesem Jugendlichen zu gewinnen.

Akzeptanz der Lösungswege

Jeder Mensch beeinflusst die Welt, seine Umgebung und sich selbst auf seine ganz eigene Weise, in seinem ganz eigenen Stil. Diesen Stil gilt es zu akzeptieren und zu nutzen, nicht zu korrigieren. Auch wenn wir selbst überzeugt sind, nur durch unseren eigenen Stil könne unser Leben erfolgreich und zufrieden zugleich verlaufen, ist dies verfehlt. Wenn wir überlegen, wer alles uns in unserer Kindheit und Jugend seinen/ihren eigenen Stil hat aufdrängen wollen und wie erfolgreich wir dies abgewehrt haben, wird deutlich, auf welcher Basis wir beraten.

Deshalb empfehlen sich Akzeptanz und Respekt gegenüber den Ideen und bisherigen Lösungen der beratenen Personen, besonders der Kinder und Jugendlichen.

Weitere Grundsätze guter Beratung

Verschwiegenheit

Vertraulichkeit und ihre unbedingte Einhaltung sind Grundpfeiler einer guten Beratung. Beraterinnen müssen wohlwollend und verschwiegen sein!

Wo Vertraulichkeit nicht zugesichert werden kann und der schulische oder gesetzliche Rahmen zur Weitergabe von Informationen zwingt, kann nur Ehrlichkeit die Vertraulichkeit ersetzen. Welche Informationen wann und an wen weitergegeben werden müssen, sollte gleich zu Beginn der Beratung deutlich gemacht werden (s. u.).

Arbeit mit und nicht gegen die Systeme der Kinder und Jugendlichen

Kinder und Jugendliche sind unterschiedlichen Systemen zugehörig. Auch wenn diese Systeme jeweils widersprüchliche Werte und Verhaltensnormen vertreten, fühlt sich der Schüler dort (zumindest zeitweise) zugehörig und akzeptiert. Die Peergruppe und Jugendszene, die Klasse, die Eltern und Großeltern, der Sportverein – alle schätzen unterschiedliche Dinge an den SchülerInnen. Alle Systeme sehen unterschiedliche Facetten des/der Jugendlichen und Kindes und raten zu unterschiedlichen Strategien für ein glückliches Leben. Ebenso haben unsere wichtigen Auftrags-Systeme unterschiedliche Vorstellungen von einer gelingenden Schule und einer gelingenden Jugend. All diesen Systemen und Gruppen guten Willen und Fähigkeiten zu unterstellen, bildet eine hilfreiche Basis für Beratung.

Die große Gefahr ist, wichtige Bezugspersonen der SchülerInnen als Wurzeln des Übels zu betrachten und als BeraterIn in ein Drama-Dreieck aus Täter-Opfer-Retter zu geraten. Wenn BeraterInnen davon träumen, Kinder und Jugendliche aus den Fängen böser Anderer (Eltern, andere LehrerInnen, Mitschüler) zu befreien, ist eine Supervision, mindestens aber eine kollegiale Beratung, fällig und hilfreich.

Kinder und Jugendliche sind ExpertInnen ihrer Angelegenheiten – Repariere nicht, was nicht kaputt ist

Jugendliche und Kinder haben ein gutes Gespür dafür, was sie wann ändern wollen. Sie haben als SchülerInnen so viele Aufgaben der Entwicklung, der sozialen Zugehörigkeit, des Lernens und der Reifung zu erledigen, dass sie von gutgemeinten „Rund-Um"-Plänen für ihre Leben und ihre Schulzeit verschont werden wollen.

Mehr von dem, was funktioniert

Eine am Potenzial der SchülerInnen orientierten Pädagogik geht davon aus, dass das Leben der SchülerInnen in vielen Bereichen gut und problemlos funktioniert, dass die SchülerInnen bereits in der Vergangenheit viele schwierige Situationen auf ihre je spezielle Art gelöst haben. Detektivisch macht sich Beratung auf den Weg zu erkunden, wann das Problem manchmal nicht da ist, das Anliegen ein bisschen gelöst wurde und wie früher schwierige Situationen gemeistert worden sind. Durch beraterisch-detektivischen Spürsinn kommen in der Beratung wichtige Unterschiede ans Licht.

Lassen, was mehrfach nicht funktioniert hat – dafür etwas wirklich Anderes erproben

Warum bestimmte Lösungsansätze nicht funktioniert haben, ist für den in diesem Buch empfohlenen Beratungsansatz weniger interessant. Vielleicht waren einfach Zeitpunkt oder Umstände nicht günstig! Vielleicht passte der Lösungsweg nicht zum Stil der SchülerIn oder der Eltern? Dies alles braucht aber nicht erforscht zu werden, wenn stattdessen etwas anderes versucht wird. Die besten Chancen zur Verwirklichung haben Lösungswege, die bereits einmal funktioniert haben. Gibt es diese nicht, können durchaus radikal andere oder neue Lösungswege versucht werden, die am ehesten dann Aussichten auf Erfolg haben, wenn sie zum (Lösungs-)Stil der beratenen Person passen.

Probleme sind nur begrenzt wichtig

Probleme sind oft der Anlass zu einer Beratung. Für eine erfolgreiche Beratung sind sie jedoch nur begrenzt wichtig, denn Probleme nehmen Gedanken gefangen und versperren den Blick auf die erwünschte Zukunft.

In der Beratung macht es Sinn, Problemen einen gewissen Raum zu geben, wenn sie die Gedanken der Menschen, die beraten werden, beherrschen. Manche Menschen sind auch überzeugt, dass eine Beratung nur dann nützlich sein kann, wenn zuerst ihr Problem näher beleuchtet worden ist.

Die Beratung sollte anstreben, nur den kleineren Teil der Beratungszeit dem Problem zu widmen. Solange die Klientin beim Problem verharrt, kann die Beraterin aus konstruktivistischer und systemischer Sicht auf folgende Dinge achten:

Schwere, Bedeutung des Problems, Veränderungsbereitschaft des Klienten

Allein die Benennung eines Problems sagt der BeraterIn wenig über die subjektive Bedeutung für den Klienten. Schulden zum Beispiel sind für den einen Klienten unerträglich, für die nächste KlientIn seit ihrer Kindheit Alltag. Hier können entsprechende Fragen Klarheit bringen und es leichter machen, Anliegen und Wünsche aus den Problemen zu formen.

Ziel	Beispiel
Den Stellenwert des Problems beleuchten	*„Was daran ist für dich besonders problematisch?"* *„Was daran macht es für Sie besonders schwierig?"*
Daraus einen Wunsch ableiten	*„Ah, ich verstehe, du wünschst dir mehr ..."* *„... und Sie möchten mehr ..."*
Wichtigkeit und Engagement beleuchten	*„Nicht alles im Leben lässt sich verändern. Was befürchtest du für den Fall, dass es so bleibt, wie es gerade ist?"*
Daraus einen Wunsch ableiten	*„Du wünschst dir in dieser wichtigen Angelegenheit rasch eine Veränderung."*

Aus systemischer Sicht ist auch interessant, bei der Problembeschreibung nach dem „Guten im Schlechten" oder dem „versteckten Gewinn" zu suchen.

Ziel	Beispiel
Erkunden, wovon das Problem abhält	*„Was steht als nächstes Thema an, wenn dieses Anliegen gelöst ist?"* *„Wofür fehlt Ihnen bei diesen Problemen oft die Zeit?"*
Erkunden, wie das Problem hilft, das Leben zu strukturieren	*„Manchmal helfen solche Situationen, das Wichtige im Leben vom Unwichtigen zu unterscheiden, neue Prioritäten zu setzen. Wie ist das hier?"*
Erkunden, wer dem Problem und dem Klienten Aufmerksamkeit schenkt	*„Für wen ist das Problem noch wichtig? Wer hilft und unterstützt?"* *„Und wie?"*

Entwicklungsrichtungen sind interessant

Wichtiger und zielführender als langes Verharren beim „Problem" ist die Beschäftigung mit Anliegen und Schritten zu ihrer Verwirklichung. In der Beratung ist es also nützlich, den größten Anteil der Beratungszeit folgenden Aspekten zu widmen:

- die angestrebte Entwicklungsrichtung der KlientIn
- die ersten kleinen Schritte, die getan sind
- das, was sich für die KlientIn verändern wird, wenn es in die angestrebte Richtung geht
- den Grad der Zuversicht, den die KlientIn und bedeutsame Andere haben
- der gute Umgang mit ähnlichen Situationen in der Vergangenheit
- die Modelle und Vorbilder der KlientIn
- der nächste kleine Schritt
- der richtige Zeitpunkt
- das Gute am bisherigen „Schlechten"

Beschreibungen der angestrebten Zukunft sind wichtiger als Beschreibungen der bedrückenden Vergangenheit und Gegenwart

Ressourcenorientierte Beratung in der Schule lebt von Bildern der gelingenden Zukunft, die möglichst detailliert und lebendig entworfen und beschrieben werden sollen:

- Was wird sich im Leben der Beratenen ändern, wenn die Entwicklung in die gewünschte Richtung geht?
- Wie wird die Beratene erkennen, dass erste Schritte in die gewünschte Richtung erfolgen?
- Welche kleinen ersten Schritte sind vielleicht schon getan?

Gelassenheit gegenüber Problemen: Leben verändert sich ständig

Gerade bei Kindern und Jugendlichen verändern sich Leben, Vorlieben und Lösungsstrategien ständig. Damit haben es auch sogenannte Probleme schwer, langfristig zu bleiben. Leben ist Wandel und Wandel ist Hoffnung!

Da Leben sich dauernd ändert, gibt es immer wieder Umstände, die sich bezüglich unserer Ziele verschlechtern und es gibt immer wieder Dinge und Umstände, die sich verbessern. Hier setzen BeraterInnen mit ihren Fragen und ihrer Aufmerksamkeit an. Das Leben ist voller schwieriger, aber auch voller guter Entwicklungen, und zwar jeden Tag neu. Gemeinsam mit ihren Gesprächspartnern gehen BeraterInnen auf die Suche nach guten Entwicklungen, um diese zu würdigen, zu untersuchen und für kommende Ziele auszudehnen.

Dass alles in ständigem Wandel ist, macht allen schwierigen Situationen gegenüber gelassen.

Gerade junge Menschen scheinen auch die Auseinandersetzung mit schwierigen Situationen zu suchen. Selbst da, wo in den Augen von Erwachsenen keine Probleme existieren, martern sich junge Leute, weil ihre Zähne ein wenig geschachtelt sind oder sie zu krauses oder zu glattes Haar haben. Könnten Probleme nicht auch eine entwicklungsbegleitende Reifungsfunktion haben?

Wichtig nehmen, anerkennen, zu Wort kommen lassen, Sympathie entwickeln

So schwer es manchmal fallen mag: Eine erfahrene Beraterin wird die Meinung des Gegenübers erst einmal respektieren, zur Kenntnis nehmen und ernstnehmen.

Dafür braucht keine BeraterIn zu lügen – die Methode der Wahl ist hier das aktive Zuhören, wie es Carl Rogers und Thomas Gordon eingeführt haben. Die Beraterin wiederholt in eigenen Worten, was sie gehört hat, dies allerdings nicht auf einer rein kognitiven Ebene, sondern fasst auch Wünsche, Einstellungen und sehr vorsichtig Gefühle mit in ihre Zusammenfassung. Oft ist es nützlich, dies so einzuleiten: *„Ah ja, wenn ich dich richtig verstanden habe, dann sollte deiner Ansicht nach ... geschehen / nicht stattfin-*

den." „Ah ja, ich verstehe! Du findest das ungerecht!" Im Mittelpunkt steht das Verstehen, was nicht gleichzeitig die Zustimmung zum Gesagten meint.

Große Probleme brauchen keine großen Lösungen, auch große Ziele brauchen keine riesigen Anstrengungen – der Domino-Effekt

Wenn Menschen sich beraten lassen, sind sie in der Regel in einer für sie schwierigen Situation. Dies sollte immer anerkannt werden und nicht klein- oder ausgeredet werden.

Bei der Verfolgung von Zielen und dem Planen nächster Schritte schaut ressourcenorientierte Beratung jedoch eher nach dem, was leicht ist, was mühelos oder mit Freude gelingt:

- Was hat bisher zum Fortschritt beigetragen?
- Was davon ist leicht zu wiederholen?
- Wo kann Ähnliches versucht werden?
- Wo ist ein kleiner Schritt Richtung Ziel bereits gemacht?
- Wie können wir da anknüpfen?
- Was gibt der Klientin Hoffnung für ihr Anliegen?
- Was sagt ihr, dass sie das schafft und dass der Zeitpunkt der richtige ist?

Beratung glaubt an den Domino-Effekt. Bereits kleine Veränderungen im Handeln oder in der Sichtweise der KlientInnen sind nützlich. Wenn diese Veränderungen an der richtigen Stelle erfolgen, ziehen sie weitere Veränderungen nach sich, und alles wird sich neu ordnen.

Es muss nicht alles immer „schneller, höher, weiter" gehen

Während ihrer Schulzeit haben Kinder und Jugendliche neben und außerhalb der Schule weitere sehr wichtige Lebensaufgaben zu bewältigen, die

die Energie vom schulischen Kontext fernhalten. Wenn Beratung dies im Blick hat, wird sie dabei unterstützen, Ziele angemessen und bescheiden zu formulieren. Es sollte in der Beratung besprochen werden, dass auch Rückschritte zu einer Entwicklung gehören. Ein wichtiges Thema: Wie sehr darf sich eine Situation auch einmal verschlechtern, ohne dass die Klientin die Hoffnung verliert?

Jede Beratung wird so behandelt, als könne sie die letzte sein

Wir wissen nicht, wie viel Beratung Menschen brauchen und wie oft sie wiederkommen müssen, um von einer Beratung zu profitieren. Die eigentliche Entwicklung findet ja nach der Beratung statt, wenn das Erarbeitete ins Leben einsickern kann. Es ist also immer möglich, dass ein einzelner Beratungskontakt reicht, um eine gute und tragfähige Entwicklung anzustoßen.

Genauso legitim ist es, mehrfach Beratung in Anspruch zu nehmen. Im Rahmen ihrer zeitlichen Möglichkeiten wird die Beraterin diese Entscheidung ihrer Klientin und Gesprächspartnerin überlassen.

Widerstand ist ein Zeichen dafür, dass wir versuchen sollten, mit der Situation anders umzugehen

In der Regel zeigt Widerstand am Beginn einer Beratung, dass wir die Ziele der jungen Leute bzw. der Eltern, ja, sogar unserer KollegInnen noch nicht erkannt haben.

Von meiner Lehrerin Insoo Kim Berg habe ich gelernt: Manche Menschen entwickeln sich und lernen grundsätzlich über Widerstand. Solche „Ja, aber"-Haltungen nicht als Kritik, sondern als persönliche Eigenheit zum Beispiel eines Schülers aufzufassen, ist eine lohnende Aufgabe. Ist erst die kritische Haltung als Interesse umgedeutet, kann eine fruchtbare Begegnung und Beziehung entstehen.

In anderen Fällen haben widerständige GesprächspartnerInnen gar kein eigenes Anliegen an die Beratung, auch keinen Wunsch, etwas zu ändern, sondern sie kommen in die Beratung, um unangenehme Situationen oder gar Bestrafungen zu vermeiden. Hier gilt es detektivisch herauszufinden, was die Menschen erreichen wollen bzw. welche Strafe sie vermeiden möchten.

Die BeraterInnen sollen in der Gesprächssituation nicht mehr arbeiten als die KlientInnen

Wir können Menschen nicht verändern, wir können sie nur in ihrem Tempo begleiten.

Jede Trainerin in einem Fitness-Kurs weiß, dass ihre KundIn selbst arbeiten muss, wenn sie sportlicher werden möchte. Im Bereich der psychosozialen Beratung tun wir aber häufig so, als könnten wir statt unserer KlientInnen die Hanteln schwingen und damit zu ihrer Fitness beitragen.
Im Beratungsprozess machen Menschen unterschiedliche Phasen von Veränderungsprozessen mit unterschiedlichem Einsatz von Tempo und Energie durch. Hier sensibel für die Situation der KlientInnen unsere eigene Energie sparsam einzusetzen, ist einer der herausfordernden Lernprozesse in der Kunst der Beratung.

Und schließlich eine kleine Utopie: Beratung in glücklichen Zeiten

Beratung sollte Unterstützung und Förderung für alle sein und nicht nur bei Problemen aufgesucht werden! Sie hilft als potenzialfokussierte Arbeit Menschen, ihre Stärken zu finden und von dort aus aufzubauen! Kämen wir doch dahin, dass wir diejenigen Schüler zur Beratung einladen, die gerade kein Problem haben, deren Leben gerade gut und glücklich verläuft getreu einer neuen Leitschnur: *„Du hast gerade ein glattes und gutes Leben. Eine gute Zeit, dich mit deinen Stärken zu beschäftigen und zu erforschen, was zur guten Situation heute beigetragen hat. Gehe doch mal zur Beratung!“*

3. Was heißt „Gut beraten"? Nützliches Handwerkszeug 33

Ich bin damit einverstanden, dass Sie mir zukünftig – bis auf Widerruf – Ihre Buchkataloge zusenden:

Name

Vorname

Beruf

Straße

PLZ/Ort

Datum Unterschrift

Bitte informieren Sie mich regelmäßig über Ihr Buchprogramm auch per E-Mail an:

(Ich kann diese Verfügung jederzeit schriftlich widerrufen: info@verlag-modernes-lernen.de)

Porto zahlt Empfänger

Antwort / Postkarte

verlag modernes lernen
Borgmann GmbH & Co. KG

Schleefstraße 14

44287 Dortmund

Sehr geehrte Leserin, sehr geehrter Leser,
uns interessieren Ihre ganz persönliche Meinung sowie Ihre Interessengebiete. Beides ist für die zukünftige Arbeit unseres Verlages sehr wertvoll. Vorteil für Sie: Über entsprechende Neuerscheinungen werden Sie regelmäßig informiert. Sie erhalten unsere Bücher im Buchhandel oder direkt beim Verlag.

Diese Karte lag im Buch (bitte eintragen!):

Verlags-Bestell-Nr. __________

Aufmerksam wurde ich auf das Buch durch:

- ◯ Verlagsprospekt
- ◯ Empfehlung meines Buchhändlers
- ◯ Empfehlung eines/r Bekannten
- ◯ Anzeige in einer Zeitschrift
- ◯ Fortbildung beim Autor
- ◯ Namen des Autors
- ◯ Pressebesprechung
- ◯ Internetrecherche allgemein
- ◯ Homepage des Verlages
- ◯ Geschenk

Mein Urteil:

Ich arbeite im Fachbereich: ______________________

Bitte informieren Sie mich über folgende Sachgebiete:

- ◯ Entwicklungsförderung in Theorie und Praxis
- ◯ Diagnostik / Frühförderung
- ◯ Kita
- ◯ Grundschule
- ◯ Sonderpädagogik / Sozialpädagogik / Heilpädagogik
- ◯ Ergotherapie / Neurologie
- ◯ Sprachheilpädagogik / Sprachtherapie / Logopädie
- ◯ Praktische Psychologie / Trainingsprogramme
- ◯ Psychotherapie und Beratung
- ◯ ______________________
- ◯ ______________________

Bitte den Absender auf der Rückseite nicht vergessen!

L 9206 10_17

3. Was heißt „Gut beraten"? – Nützliches Handwerkszeug

Beratung durch aktives Zuhören und Fragen

Beratung durch aktives Zuhören

Zunächst geht es in einer Beratung einfach darum, das Anliegen des Gegenübers zu verstehen. Wenn wir sofort eine Abwehr verspüren, liegt das häufig daran, dass wir denken, dass unsere sofortige Stellungnahme nötig ist. Das ist aber nicht der Fall: Auch wenn wir mit einigen Punkten nicht einverstanden sind, kann uns aktives Zuhören erleichtern, die Klagen und Wünsche unseres Gegenüber zu verstehen und dieses Verständnis auf eine wertfreie Art zu dokumentieren.

Wie erfolgt aktives Zuhören nun handwerklich? Der Berater fasst in seinen eigenen Worten oder auch unter Verwendung der Worte des Klienten zusammen, was er gehört und verstanden hat und wie er die Bewertung des Klienten vermutet. *„Wenn ich dich richtig verstanden habe, ist dir wichtig, dass ..." „Ah, ich fasse das noch einmal zusammen: du möchtest gerne lieber ... als ... Ich verstehe."* Dabei heißt *„ich verstehe ..."* ja keinesfalls *„Ich finde das richtig und gut."*, aber es zeigt Respekt gegenüber dem Sprecher und Gelassenheit und Offenheit gegenüber dem Anliegen, auch dort, wo die Beraterin zunächst die besprochene Angelegenheit anders bewertet als ihr Gegenüber.

Beratung durch Fragen

Dieses Buch regt Sie an, durch Fragen zu beraten. Das hat drei große Vorteile:

1. Fragen werden in der Regel beantwortet, schon aus reiner Höflichkeit. Aus Sicht von Wittgensteins Sprachphilosophie wissen Menschen erst das, was sie auch sprechen. Menschen stellen Bedeutung durch Sprache her. Beratung stellt ungewöhnliche Fragen, die aus Höflichkeit und Neugier beantwortet werden und hilft dadurch,

neue Gedanken, Sichtweisen und Einstellungen zu erschaffen. Beraterische Fragen sind wie eine Taschenlampe, die bestimmte Dinge in ein neues Licht taucht und hervorhebt, während andere im Dunkel gelassen werden.

2. Die Form der Frage transportiert unsere Grundhaltung als BeraterInnen: Wir sind zuversichtlich und haben Vertrauen in die Problemlöse-Kompetenz unseres Gegenübers. Wir sind neugierig und interessiert aus einer Haltung des Nicht-Wissens heraus. Die eigentlichen ExpertInnen sind die Menschen, die beraten werden. Wir helfen ihnen nur beim Graben nach ihren Ressourcen und Möglichkeiten.

3. Es können zusätzlich offene Fragen gestellt werden, die die Hauptredezeit bei den Menschen, die beraten werden, lassen, was auch die Energie-Ressourcen der BeraterIn schont. Lesen Sie hier mehr zu lösungsfokussierten offenen Fragen:

Offene statt Ja-/Nein-Fragen

Offene Fragen, die der KlientIn Kompetenzen und Ressourcen unterstellen, sind ein wichtiges Werkzeug der Beratung.

Unterschiedliche Frageformen führen nämlich zu unterschiedlichen Gesprächs-Verläufen:

Geschlossene Fragen

- sind Fragen, die als Antwort ein Ja/Nein hervorrufen,
- sind typisch für das Arztmodell psychosozialer Arbeit („Haben Sie auch Halsschmerzen?" „Sehen deine Eltern auch diese Probleme?"),
- lassen die Hauptredezeit bei der BeraterIn,
- sind schnell zu beantworten.

Die BeraterIn arbeitet mit sehr viel Energie; die KlientIn wird zu sehr kurzen Antworten eingeladen.

Offene Fragen

- beginnen in der Regel mit einem Fragewort, im Deutschen also häufig mit „W“, z. B. „wer, wie, mit wem, wann, welche …“
- sind Fragen, die eine längere Antwort notwendig machen,
- geben der KlientIn etwas mehr Redezeit,
- brauchen mehr Zeit zur Beantwortung.

Berater und Klient arbeiten mit ähnlich viel Energie; der Klient wird zu längeren Antworten eingeladen.

Offene kompetenz- und ressourcenorientierte Fragen

- sind typisch für eine ressourcenorientierte Beratung
- sind Fragen, die der KlientIn Kompetenzen und Ressourcen unterstellen und eine lange prozessorientierte Antwort hervorrufen, die durch Nachfragen (*„Wie noch …?" „Was noch …?"*) erweitert werden können,
- geben die Hauptredezeit dem Klienten,
- brauchen viel Zeit und Energie zur Beantwortung.

Das heißt: Der Berater arbeitet aufmerksam, aber mit wenig Energie, der Klient leistet „Schwerarbeit", da er neue Interpretationen und Denkfiguren schafft.

Es gilt: Je länger die KlientIn zur Beantwortung der Fragen braucht, umso besser, denn eine stockende und langsame Antwort zeigt: Es werden wirklich neue Bedeutungen und veränderte innere Landkarten produziert.

Dazu nachfolgend einige Beispiele.

Geschlossene Frage	Offene Frage	ressourcen-/kompetenz-orientierte offene Frage
„Kommst du mit deiner Tischgruppe zurecht?"	*„Wie kommst du mit deiner Tischgruppe zurecht?"*	***„Wo konnte dich deine Tischgruppe schon unterstützen?" „Wo konntest du deine Tischgruppe schon unterstützen?"***
„Müssen Sie mit dieser Situation alleine klarkommen?"	*„Wie werden Sie mit dieser Situation alleine klarkommen?"*	***„Wer könnte Ihnen in dieser Situation helfen?"***
„Verstehen Sie sich im Urlaub besser mit Ihrer Tochter?"	*„Wie verstehen Sie sich im Urlaub mit Ihrer Tochter?"*	***„Wann war Ihr letzter schöner gemeinsamer Urlaub?" und „Was war da anders als im Schul-Alltag?"***
„Wollen Sie mit unserer Schulsozialarbeit zusammenarbeiten?"	*„Wie soll eine Zusammenarbeit mit unserer Schulsozialarbeit aussehen?"*	***„Was macht Sie zuversichtlich, dass eine Zusammenarbeit mit unserer Schulsozialarbeit gerade jetzt hilfreich sein kann?"***
„Kommst du mit dieser schwierigen Klasse klar?"	*„Wie kommst du mit dieser schwierigen Klasse klar?"*	***„Viele KollegInnen finden diese Klasse schwierig. An welchen Punkten schaffst du es, gut mit der Klasse zu arbeiten und wie machst du das?"***

Offene Fragen mit Kompetenz- und Ressourcenfokus regen die KlientInnen optimal an, neu und anders nachzudenken über sich, ihre Ziele und ihre individuellen Wege dorthin.

In diesem Praxisbuch finden Sie viele erprobte Beispiele. Beginnen Sie mit einer Frage, die Sie spontan anspricht und erfahren Sie die Kraft dieser Fragen, wenn Sie mit Geduld und Gelassenheit in die Beratung eingebracht werden.

Neben offenen kompetenzorientierten Fragen haben sich die folgenden Beratungselemente in der Schule als hilfreich erwiesen und tauchen in diesem Praxisband immer wieder auf:

Weitere nützliche Beratungselemente

Echte Anerkennung und Reframing

Echtes und ehrliches positives Feedback unterstützt und ermutigt nicht nur SchülerInnen, sondern alle Menschen, die beraten werden.

Das Reframing hat eine ergänzende Funktion: es setzt Dinge in einen anderen Rahmen, in ein neues Licht, ohne sie schönzureden.
Wer sich in der Beratung und im Schulalltag darin übt, echte Anerkennung auszusprechen und anzunehmen, kann im Laufe der Zeit einen Sichtwechsel bemerken. Es wird immer leichter und es finden sich immer mehr Anlässe, kongruent und passend Anerkennung und Reframing einzusetzen.

Skalierungen

Zahlen-Skalen, also die Einordnung verschiedener Situationen zwischen 0 und 10 auf einer Extremskala, helfen KlientInnen und GesprächspartnerInnen weg vom **schwarz/weiß-gut/schlecht-**Denken. Skalen können Fortschritte messen, machen kleine Schritte planbar und kleine Erfolge sichtbar. Weiter hinten im Buch finden Sie zahlreiche Beispiele für Skalen.

Die „Wunderfrage“

Die „Wunderfrage“ wurde von Insoo Kim Berg entwickelt und in ihre „klassische“ Form gebracht. Insoo Kim Berg ermunterte die KlientInnen zu beschreiben, was sich in ihrem Leben wohl verändert, wenn ein Wunder geschieht und ihr Problem nicht mehr existiert, sondern ihre Wünsche in Erfüllung gegangen sind. Diese Frage fordert KlientInnen dazu auf, ohne Begrenzung über die eigenen Wünsche und Ziele nachzudenken und setzt damit ihr kreatives Potenzial frei.
Bei Schülern sind oft alltagsnahe Abwandlungen der Wunderfrage hilfreich. Dazu finden sich später einige Beispiele.

Ausnahmen suchen

Das Leben ist voller Ausnahmen. Selbst problematisches Verhalten tritt nicht pausenlos und dauernd auf. Was oft in der Schule fehlt, ist in anderen Zusammenhängen durchaus da. Ein Beispiel ist ein Kind mit gestreuter Aufmerksamkeit (früher: „ADS“), das Schwierigkeiten hat, sich zu konzentrieren. Dem Kind fällt es schwer seine Aufmerksamkeit auf ein schulisches Thema zu lenken, aber alle Erfahrungen zeigen, dass Kinder bei attraktiven Aufgaben, bei ihren Hobbys, bei Interesse sich gut konzentrieren können. Auch Kinder mit gestreuter Aufmerksamkeit geraten in eine Art „flow“ und lassen sich nicht ablenken.

Kein Problem ist immer da

Immer gibt es Zeiten, zu denen es bestimmte Probleme nicht gibt oder sie nicht wichtig sind. Diese Zeiten gilt es detektivisch zu finden. Insoo Kim Berg regt uns an, Kinder und Jugendliche zu „erwischen“, wenn sie einmal ganz anders sind. So finden wir das unordentliche Kind, das als Übernachtungskind aufräumt oder das unkonzentrierte Kind, das eine Stunde lang versunken an Comics arbeitet. In welchem Kontext ist diese Ausnahme aufgetreten? An welchem Ort? Wer war dabei? War die Aufgabe freiwillig oder unfreiwillig? Kam die Idee von außen oder hat das Kind sie selbst entwickelt? Wie war die Tageszeit, der Wochentag, der Raum, die Menschen, die Ablenkung?
Bei genügend Zeit (zum Beispiel mit einer Integrationshelferin) können diese Einzelheiten in einem Heft notiert werden, um aus einer Vielzahl sol-

cher Einzelheiten eine Regelmäßigkeit abzuleiten, dem Kind positive Rückmeldungen zu geben und die förderlichen Bedingungen möglichst oft herzustellen.

Kleine Aufgaben und „Experimente"

Häufig endet eine ressourcenorientierte Beratung mit kleinen Aufgaben für die KlientIn, die als „Experimente" behutsam Veränderungen anstoßen oder Sand in das Getriebe von Teufelskreisen streuen können. Diese „Experimente" werden bewusst vage formuliert („*... habe ich ein kleines Experiment, das vielleicht nützlich sein kann. ...*") und die Ausführung der Experimente wird nicht explizit überprüft.

Veränderungen vor der Beratung

Leben verändert sich täglich. Aus diesem Grund sind auch zwischen Verabredung zur Beratung und Beratung selbst Dinge passiert und gewiss auch Veränderungen eingetreten.

Fragen nach der Veränderung vor der Beratung erschließen der KlientIn den Zugang zu ihren Ressourcen und verdeutlichen ihr bereits vorhandene hilfreiche Strategien. Sie machen der KlientIn deutlich, dass sie auch ohne BeraterIn bereits wichtige Schritte hat tun können und arbeiten damit einer „erlernten Hilflosigkeit" entgegen.
Die BeraterIn erfragt diese Veränderungen entweder direkt oder über eine Skalierung:

Ziel	Beispiel
Veränderungen vor der Beratung aufspüren	*„Bei den meisten unserer KlientInnen hat sich zwischen der Anmeldung und der Beratung schon irgend etwas zum Besseren hin verändert. Was war das bei Ihnen?"*
Veränderungen vor der Beratung mit Hilfe einer Skala erfragen	*„Wenn 10 für ‚Es hat sich alles wunderbar entwickelt' steht und 0 für den ab-*

Ziel	Beispiel
	soluten Anfang, als Sie um den Termin gebeten haben. Wo zwischen 0 und 10 können Sie sich heute einordnen?" *„Was ist geschehen/was haben Sie getan, dass Sie heute auf (z. B. 2) sind und nicht auf 0?"* *„Was noch?"* *„Was noch?"*

Magische Wörter

Nachfolgend finden sich einige magische Wörter, winzige Bausteine, die eine Beratung in der Schule leichter machen.

„Wie"

Das Wörtchen „wie" ist wesentlich besser geeignet als „warum", um hilfreiche Ressourcen aufzudecken.

Statt	Hilfreicher
„Warum meint dein Lehrer, dass du nicht in den E-Kurs gehörst?"	*„Wie kann dein Lehrer erkennen, dass du in den E-Kurs möchtest und das auch schaffst?"*
„Warum hast du nichts erwidert?"	*„Wie könntest du beim nächsten Mal etwas erwidern?"*

„Wenn"

„Wenn" verbunden mit einer klaren positiven Zukunftserwartung drückt unser Zutrauen in die Situation aus. Statt „ob", „falls" ist *„(dann) wenn"* viel eher geeignet, Zuversicht und Veränderungserwartung zu erzeugen.

Statt	Hilfreicher
„Was wird sich ändern, falls du mehr für Mathe machst?“	*„Was wird Frau R. bemerken, wenn du mehr für Mathe tust?“*
„Ob das demnächst besser wird?“	*„Was wird leichter, wenn es besser wird?“*

„Wird“

Statt „würde“ ist „wird“ viel eher geeignet, Zuversicht und Veränderungserwartung zu erzeugen.

Statt	Hilfreicher
„Was würde deine Lehrerin sagen, wenn du mehr dafür arbeitest?“	*„Was wird deine Lehrerin sagen, wenn du mehr dafür arbeitest?“*
„Wer würde dir dabei helfen?“	*„Wer wird dir dabei helfen?“*

Die Kraft zirkulärer Fragen

Zirkuläre Fragen sind gerade für Kinder und Jugendliche günstig. Sie entwickeln die Fähigkeit, die Perspektive anderer Menschen einzunehmen.

Durch ihr Nachdenken über die Reaktion anderer auf ihre Erfolge, ersten Schritte und Ziele wird ihnen deutlich, dass sie in einem Geflecht von Beziehungen nicht ohnmächtig sind, sondern durchaus Verhalten und Einstellungen wichtiger Anderer beeinflussen.

Hier ein Beispiel:

Ziel	Beispiel
Perspektive der Fachlehrerin vermitteln	*„Was wird Frau ... auffallen, wenn du mehr für Mathe tust?“*

Ziel	Beispiel
Reaktionen der Fachlehrerin erraten	*„Was wird sie dann wohl in der Zeugniskonferenz über dich erzählen?“*
Die eigenen Reaktionen antizipieren	*„Wie kannst du in der Schule sein, wenn Frau ... so gut über dich denkt?“*

Magische Dreier-Schritte

Es gibt in der ressourcenfokussierten Beratung hilfreiche Gesprächsbausteine – kleine Sets von ressourcenorientierten Fragen, die für eine Vielzahl von Situationen universal hilfreich sein können. Hier ist eine kleine Auswahl:

1. *Was ist dein nächster Schritt?*
2. *Wer kann dir dabei helfen?*
3. *Wann ist der richtige Zeitpunkt dafür?*

1. *Wer kennt dich gut?*
2. *Was würde diese Person dir raten?*
3. *Was davon könntest du annehmen?*

1. *Welche Umstände haben dir geholfen?*
2. *Welche Person hat dir geholfen?*
3. *In welcher Situation ist es besser?*

1. *Wir wird dein Umfeld/deine Freunde/deine Familie reagieren, wenn es besser wird?*
2. *Wer traut dir am ehesten eine Verbesserung zu?*
3. *Was sieht diese Person bei dir?*

1. *Wenn du an meiner Stelle wärest, was würdest du dir für einen Rat geben?*
2. *Wie kann man das noch kleiner oder leichter machen?*
3. *Was davon wirst du befolgen und was nicht?*

1. *Wie hast du ähnliche Situationen schon einmal hinbekommen / zu einem guten Ende gebracht?*
2. *Wer/Was hat damals geholfen?*
3. *Was hättest du dir sparen können?*

1. *Was hat dich bewegt, etwas zu verändern?*
2. *Und was noch?*
3. *Was davon ist dir am wichtigsten?*

1. *Was wird, wenn alles so bleibt, wie es ist?*
2. *Was wird, wenn sich etwas verbessert?*
3. *Wer oder was sagt dir, dass sich etwas verbessern kann?*

Auch mit Skalen lassen sich kleine Patent-Bausteine erstellen, die fast immer erhellend und wirksam sind:

„Wenn 10 dafür steh ‚Ich bin am Ziel!' und 0 dafür ‚Ich bin noch ganz am Anfang.' – Wo stehst du heute?" „Und was hat dahin geholfen?"

„Wenn 10 dafür steht ‚Das schlimmste und dringendste Problem, das ich je hatte.' und 0 meint ‚Für mich ist das Anliegen eigentlich gar nicht wichtig.', wo ordnest du dich ein?"

„Wenn 0 für die schlimmstmögliche Situation steht und 10 dafür steht ‚Ich bin zufrieden!' , wo ordnest du dich dann heute ein?" – „Und was hat dahin geholfen?"

„Wenn 10 für die beste Tischgruppe, die ich mir vorstellen kann, steht und 0 für das krasse Gegenteil, die schlechteste Tischgruppe, die ich mir vorstellen kann, wo kannst du heute eure Gruppe einordnen?" – „Und was hat dahin geholfen?"

„Wenn 10 für die beste Schule, die du dir vorstellen kannst, steht und 0 für das krasse Gegenteil, die schlechteste Schule, die du dir vorstellen kannst, wo kannst du heute unsere Schule einordnen?" – „Und was hat dahin geholfen?"

Unser Kompass in der Beratung – die Lösungswege der Ratsuchenden

Aus ressourcenorientierter Sicht sollen Anregungen, Experimente, Tipps und Ratschläge den bewährten Lösungswegen unserer Gesprächspartner folgen.

Wenn wir menschliches Verhalten in Mustern beschreiben und in Kategorien einordnen, sind dies immer nur theoriegeleitete und hilfreiche Blaupausen, die wir einer komplexen Wirklichkeit überstülpen.
In diesem Zusammenhang ist es manchmal eine hilfreiche Struktur, die bewährten Lösungsstrategien von Menschen grob in 3 Hauptwege zum Ziel zu unterteilen:

Lösungsstrategie 1: Nichts tun, abwarten, auf glückliche Gelegenheiten warten

Diese glücklichen Gelegenheiten werden je nach KlientIn gesucht, ergriffen, gesehen oder nicht gesehen. Unter dieser Großkategorie findet sich beispielsweise das eher scheiternde Modell „Mein Leben beginnt, wenn ich endlich im Lotto gewinne", aber auch das glückliche Modell „Ich mache mir keine Sorgen, ich habe immer noch eine schöne Wohnung gefunden".

Lösungsstrategie 2: Hilfe annehmen

Diese Hilfe kann je nach KlientIn aktiv erbeten werden, oder die KlientIn verhält sich so, dass die Umgebung Hilfe offeriert.

Lösungsstrategie 3: Selbst aktiv werden

Die Klientin tut selbst aktiv den nächsten Schritt, entweder geplant oder ganz spontan und unüberlegt.

Meiner Beratungserfahrung nach haben Menschen in der Regel eine bevorzugte Strategie, eine zweite (auch noch mögliche) Strategie und eine, die sie in der Regel nicht einsetzen und in stressigen Zeiten gar nicht wagen. Bei Stress (verursacht zum Beispiel durch Deadlines, ein unvorhergesehenes Ereignis) werden die meisten Menschen ihre erste bevorzugte Strategie wählen.

So kann Stress durch eine anstehende wichtige Klassenarbeit bei

- dem einen Schüler zu aktiver Tätigkeit (hart und viel lernen),
- beim nächsten zum Ruf nach Hilfe („Wer kann mir das noch einmal erklären?"),
- bei dritten zu gelähmter Untätigkeit führen.

Leider haben BeraterInnen nicht nur in der Schule oft das Sendungsbewusstsein, der KlientIn nicht nur in Richtung Lösung weiterzuhelfen, sondern zugleich neue (vermeintlich bessere) Lösungsstrategien nahezubringen. Da soll eine Schülerin, die untätig verharrt, auf ihr Glück hofft und sich gelegentlich Hilfe sucht, endlich lernen, selbständig aktiv zu werden.

Dies ist aus Sicht einer guten Beratungspraxis wenig hilfreich:

1. Es gibt keine per se besseren oder schlechteren Lösungswege. Wären alle Menschen so aktiv, entschlossen und handlungsbereit, wie es BeraterInnen oft sind, würde das Mehr an Müll, Transport, Energie und vorschnell gezimmerten Projekten die Welt schnell ins Wanken bringen. Auch wer abwartet, auf sein Glück vertraut oder sich bei vielen Dingen helfen lässt, kommt gut und auch oft zufrieden durchs Leben.

2. Die Schülerin soll in der Schule die Möglichkeit erhalten, durchaus neue Wege und Strategien auszuprobieren. Aber das ist nur im Rahmen der bis dahin ausgebildeten Persönlichkeit möglich, der behutsam erweitert, aber keineswegs grundlegend umgekrempelt werden kann. Hat eine Schülerin keine oder wenig Erfahrung mit der von uns vorgeschlagenen Strategie, hat sie diese in der Regel aus wichtigen Gründen bisher in ihrem Leben nicht gelernt. Außerdem gilt: Neues Verhalten auszuprobieren ist weniger anstrengend in unproblematischen Zeiten, nicht unter Stress.

3. Wollen wir einer Schülerin oder Kollegin oder Eltern unsere eigenen Lösungsstrategien dringend empfehlen, erleben unsere Gesprächspartner, dass wir ihre bisherigen Lösungsstrategien nicht wertschätzen, was den Rapport empfindlich stören kann.

4. Deshalb sollten unsere Tipps und Experimente immer an gelingende Strategien anknüpfen und diese nur sehr behutsam in Richtung zweite und dritte Strategie ausweiten. Halten wir eine Aktivität aus der zweiten oder dritten Strategie für absolut notwendig, sollten wir sie ins Kleid der bevorzugten Strategie packen. Beispiele wären:

Ziel	**Beispiel**
An bevorzugte Strategie „Hilfe erbitten und annehmen" anknüpfen	*„Wer könnte bis zum Sekretariat mit dir gehen und dort auf dich warten?"*
An bevorzugte Strategie „Hilfe erbitten und annehmen" anknüpfen	*„Wer könnte mit dir gemeinsam lernen?"*
An bevorzugte Strategie „abwarten" anknüpfen	*„Bis wann wirst du warten und ab wann wirst du tätig? Wer wird dir dabei helfen?"*
An bevorzugte Strategie „aktiv werden" anknüpfen	*„Inwieweit könnte es klüger sein, erst später aktiv zu werden?"*

Die eigenen Qualitäten als BeraterIn erkennen und nutzen

Was sind meine Beratungsqualitäten?

Es war der berühmte Gesprächstherapeut Carl Rogers, der drei grundlegende Qualitäten von BeraterInnen definiert hat:

a) Kongruenz

Diese Qualität steht für absolute Ehrlichkeit, Aufrichtigkeit und Offenheit. Kongruenz ist nicht rücksichtsvoll – sie kann durchaus provokative Elemente enthalten, wie wir sie eindrucksvoll in den Transkripten provokativer Therapie (Farelly) finden.

b) Akzeptanz

Diese Qualität steht dafür, dass wir das Gegenüber genau so akzeptieren, wie es ist, dass wir die Menschen, die wir beraten, vorbehaltslos mögen und ihnen nur das Beste wünschen.

c) Empathie

Diese Qualität steht für die Fähigkeit, sich ganz in den anderen Menschen, seine Innenwelt und seine Deutungen, seine Hoffnungen und Ängste hineinversetzen zu können.

Für den Bereich der Schule möchte ich zwei weitere Qualitäten hinzufügen, die mir wichtig erscheinen:

d) Humor

Diese Qualität beschreibt eine entspannte, neugierige Grundhaltung, die das Leben, die Schule, aber auch Schwierigkeiten und Konflikte nicht allzu ernstnimmt und ohne Sarkasmus im schulischen Alltag Anlässe zur Heiterkeit findet, respektvoll gegenüber Menschen ist, aber respektlos gegenüber Problemen.

e) Zutrauen

Diese Qualität beschreibt das Vertrauen des Beraters in die guten Absichten aller Beteiligten, und das Zutrauen, dass die Schüler, Kollegen und Eltern über die notwendigen Kompetenzen verfügen, sich im Guten zu entwickeln und ihre Ziele zu verfolgen.

Schon für Carl Rogers war klar: Niemand kann all diese Qualitäten gleichzeitig leben. In der Regel kennzeichnen jede BeraterIn ein Set von 2–3 Beratungsqualitäten, die genau ihre Beratungsqualität ausmachen.

Ich möchte Sie als LeserIn zu einem kleinen Experiment einladen. Nehmen wir an, Sie dürfen insgesamt 100 Prozentpunkte vergeben, um ihre spezielle BeraterInnen-Persönlichkeit zu beschreiben, eine Art Werbezettel für potenzielle KlientInnen. Wählen Sie für jede Eigenschaft eine andere Farbe und verteilen Sie Ihre Prozentpunkte auf einem Kreisdiagramm:

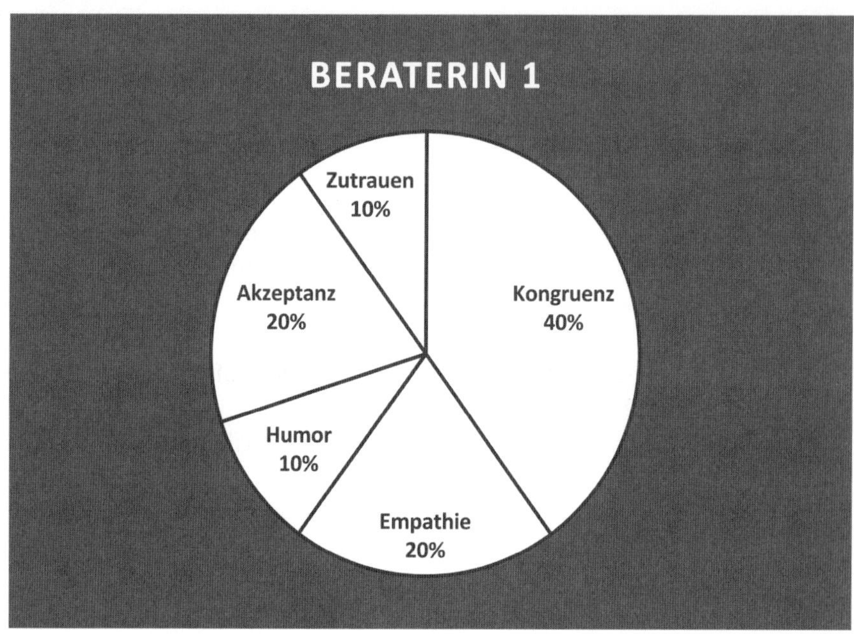

Wie würden Sie Ihre speziellen Stärken beschreiben? Machen Sie einen kleinen Versuch:

Kongruenz/Ehrlichkeit ______ %

Empathie /Sensibilität ______ %

Akzeptanz/Sympathie ______ %

Humor ______ %

Zutrauen ______ %

Wenn diese kleine Übung schwerfällt: Was meinen Sie, wie die SchülerInnen oder die Eltern Sie beschreiben würden? Fragen Sie gerne auch einen vertrauten Kollegen, in welcher dieser Qualitäten er Ihre besondere Stärke sieht.

Stehen Sie zu diesen Qualitäten und pflegen Sie sie. Sie können keine gute BeraterIn für *alle* sein – dann wären Sie eine Art Roboter und könnten niemandem weiterhelfen. Sehen Sie klar Ihre Stärken und sorgen Sie mit dafür, dass KollegInnen bereitstehen, die genau die Qualitäten in hohem Maß haben, die Ihnen vielleicht fehlen.

Kontext der Beratung

Formelle und informelle Beratung

LehrerInnen, SozialarbeiterInnen, SchulleiterInnen und SchülerInnen begegnen sich im Lebensraum Schule häufig außerhalb fest vereinbarter Beratungssettings. Alles, was sich in wenigen Minuten in einem kurzen Gespräch erledigen lässt, wird dort auch erledigt, so dass es zu „Mikro-Beratungen" kommt, die umso hilfreicher verlaufen, je eher ein Berater über ein Set von Mikro-Beratungsstrategien verfügt, die solche Begegnungen fruchtbar machen.

Bezüglich solcher kurzen Beratungen „zwischen Tür und Angel" ist es hilfreich, wenn die BeraterIn um ihre persönlichen Eigenheiten weiß und sich zu ihrem Stil bekennt. Es gibt KollegInnen, die geradezu aufblühen, wenn unangemeldet auf dem Flur, vor Unterrichtsbeginn oder auf dem Nachhauseweg Schülerinnen oder KollegInnen mit ihnen ein Gespräch beginnen. Vieles kann so in kleinen Gesprächs- und Beratungseinheiten erledigt werden. Bei „Magische Dreierschritte" im Kapitel 3 finden Sie einige hilfreiche Bausteine für solche „Mikro-Beratungen".

Wer seinen Arbeitstag dagegen lieber gründlich strukturiert und Beratungen mit Ruhe durchführt, sollte sich nicht in solche ad-hoc-Gespräche verwickeln lassen. Zu groß ist die Gefahr, dass nonverbale Signale wie gerunzelte Augenbrauen oder ein Seufzen eine abwehrende Haltung transportieren, die das Gegenüber belastet. Hier ist es besser, sich auf solche Gesprächswünsche einzustellen und diese freundlich, aber bestimmt auf einen passenderen Zeitpunkt zu verlegen: *„Gerne können wir uns dazu einmal zusammensetzen. Melde dich per E-Mail und ich schicke dir einen Termin."*

Klassischer Rahmen der formalen Beratung

Egal, nach welchem Ansatz Sie beraten: es gibt ein klassisches Beratungssetting, einen Beratungskontext, der unabhängig von den methodischen Schulen von vielen Beratern gepflegt wird.

Zum Kontext einer klassischen Beratung gehören:

Terminvereinbarung, klare Orientierung für auswärtige Gäste

Je nach Schultradition wird der Termin von der Beraterin selbst oder durch ein Sekretariat gemacht. Für auswärtige Gäste wie Eltern ist eine sehr klare Orientierung über den Ort des Gesprächs hilfreich.

Begrüßung

Die Begrüßung mit einem Lächeln und meist auch Händedruck ist bei fast allen Beratungen eine Selbstverständlichkeit.

Ungestörter Raum

Idealerweise sollte die Beraterin vorab den Beratungsraum kennen und sich vergewissern, dass die Bedingungen dort einladend und ansprechend sind.

Äußere Bedingungen prüfen

Vor allem bei auswärtigen BesucherInnen, die oft lange Anfahrten hinter sich haben, ist es hilfreich und manchmal günstig, sich zu vergewissern, ob äußere Bedingungen verändert werden müssen (Infos zu Garderobe, Toilette, Luft im Raum).

Vorstellung und Information über Rolle und Aufgabe der Beraterin

In einer Schule haben Beratende oft mehrere Rollen und es ist immer günstig, zu Beginn der Beratung deutlich daran zu erinnern, aus welcher Rolle / aus welchen Rollen beraten wird. Vielleicht kennen die Eltern Frau Meier noch als Fachlehrerin Musik, aber heute sitzt sie ihnen als stellvertretende Schulleiterin gegenüber.

Information zu Vertraulichkeit

Beratungen in der Schule haben einen ganz unterschiedlichen Grad an Vertraulichkeit. Zu einer glaubwürdigen Beratung gehört eine klare Information zur Vertraulichkeit.

Information zum Zeitrahmen

Es dient der guten Orientierung, wenn die Beraterin ankündigt, wie viel Zeit sie für das Gespräch reserviert hat.

Am Ende der Beratung: ein Ausblick

Nach Abschluss des Gesprächs dankt der Berater für das Kommen und gibt einen Ausblick auf die weiteren Handlungs- oder Gesprächsmöglichkeiten.

Abschied

Ein freundlicher und respektvoller Abschied gehört auch bei konflikthaften Beratungen selbstverständlich dazu.

Ziel	**Beispiel**
Begrüßung	*„Guten Tag, Herr Gelb. Ich bin Frau Grün. Sie kommen zu unserem Gespräch. Herzlich Willkommen!“*
Vergewisserung: Können äußere Bedingungen verbessert werden?	*„Ist es Ihnen hier angenehm?“* *„Soll ich ein Fenster öffnen/schließen?“* *„Sie hatten eine längere Anfahrt. Möchten Sie sich noch die Hände waschen oder etwas trinken?“* *„Gut, dann können wir starten.“*
Eigene Vorstellung (Name/Rolle) (bei mehreren Rollen Definition, aus welcher Rolle agiert wird)	*„Ich bin Frau Grün. Sie kennen mich ja schon als Fachlehrerin Ihres Sohnes in Musik. Heute führe ich das Gespräch in meiner Eigenschaft als Beratungslehrerin.“*

Ziel	Beispiel
Information über Vertraulichkeit und Zeitrahmen	*„Alles, was wir hier besprechen, bleibt vertraulich. Ich gebe nichts weiter, außer du selbst oder eine andere Person ist in konkreter Gefahr. Für unser Gespräch haben wir bis zu 40 Minuten Zeit."* *„Bei unserem Gespräch heute ist es so, dass ich die Ergebnisse mit der Schulleitung und mit der Klassenlehrerin besprechen werde. So können wir alle beteiligen."*
Anliegen	*„Was möchten Sie mit mir besprechen?"* *„Ich möchte mit Ihnen heute gerne ... besprechen."*

Am Ende des Gesprächs:

Ziel	Beispiel
Ausblick	*„Warten wir, wie besprochen, erst einmal die Entwicklung ab. Wenn sich in den nächsten Wochen nichts tut, schreiben Sie mich wegen eines neuen Termins an."* *„Falls wieder einmal der Wunsch nach einem solchen Gespräch besteht, melden Sie sich im Sekretariat und vereinbaren einen weiteren Termin."*
Abschied	*„Auf Wiedersehen, Herr Gelb. Ich wünsche Ihnen einen guten Heimweg!"*

Unfreiwillige / unkooperative KlientInnen

Nicht immer ist Beratung idealtypisch vom Wunsch des Klienten bestimmt, beraten zu werden. Manchmal kommt die KlientIn zunächst weniger aus eigenem Antrieb, sondern ist von ihrer Familie, FreundInnen oder helfenden bzw. kontrollierenden oder gar strafenden Institutionen geschickt worden. Sie weiß selbst nicht recht, was sie in der Beratung soll.

Häufig vermischen sich in der Schule Beratungs- und Disziplinarangelegenheiten. Die Schüler folgen diesen Aufforderungen, weil sie auf der Schule bleiben, keinen Ärger mit ihren Eltern haben wollen oder sich mit der Klassenlehrerin gut stellen wollen.

Gewiss sind besonders Schüler abhängig von der Institution Schule, aber auch sie werden nicht gefesselt hereingetragen, sondern haben in der Regel auf eigenen Beinen den Beratungsraum betreten. Hier ist die Frage, welches Motiv sie hierher gebracht hat.

Solange die Schülerin nur ein Motiv der BeraterIn oder der Schule herausliest, das ihren Zielen NICHT entspricht, wird sie entweder die Kommunikation verweigern oder auf das Allernotwendigste beschränken.

Die Kunst der Beratung besteht darin, das Motiv herauszufinden, das auch die unfreiwillige Schülerin (oder Mutter) in die Beratung gebracht hat und das damit verbundene Ziel zu identifizieren. Das Motiv kann durchaus Angst sein, vor Sanktionen, vor schlechten Noten, dem Ärger der Eltern. Manchmal spielen auch Solidaritäten mit anderen SchülerInnen, Eltern oder KollegInnen eine Rolle. So kann ein Jugendlicher ins Gespräch kommen, weil er keinen neuen Ärger mit der Schulleitung und später mit seinen Eltern möchte, aber im Gespräch schweigen, weil dies als heldenhaft und solidarisch in seiner Peergruppe gilt.

Beratung kann in einem solchen Setting gelingen, wenn das Motiv zur Teilnahme am Gespräch klar wird. Oft ist das Motiv *„Keinen Ärger bekommen.“*, *„Meine Ruhe haben“*. Hier kann die Beraterin weiterfragen: *„Und wenn du hier teilnimmst, bekommst du weniger Ärger?“*, *„Und wenn du hier teilnimmst, hast du eher deine Ruhe?“*.

Weiter kann dann erfragt werden: „*Was wird besser? Was kannst du besser, wenn du deine Ruhe hast / wenn du keinen Ärger hast?*", „*Was würden deine Freunde / dein Lehrer / deine Eltern sagen, was besser ist, wenn du keinen Ärger hast?*", „*Wie bist du als Schüler, wenn du deine Ruhe und keinen Ärger hast?*"...

Manfred Prior empfiehlt in seinem Büchlein „MiniMax für Lehrer", im Gespräch mit betont negativ auftretenden Schülern selbst eine betont negative Sprache mit vielen Verneinungen zu pflegen. Beispiele wären: „*Wie wollen heute nicht über ... sprechen. Es macht ja auch keinen Sinn, hier nicht ...*"

Kritikgespräch

Manchmal möchte die Beraterin selbst ein Kritikgespräch führen, in der Regel mit einzelnen SchülerInnen oder kleinen Gruppen. Daran nehmen die meisten Schüler aus einer Mischung von Motiven teil: Echte Reue wegen eines Fehlverhaltens mischt sich mit Angst vor schlechten Noten oder Benachrichtigung der Eltern.

In einem solchen Gespräch kann die Beraterin (die hier eher in der Rolle als kontrollierende Beraterin auftritt), bewusst an positive Erfahrungen der Zusammenarbeit und Beziehung erinnern. Daraus kann sie ihre Zuversicht ableiten, dass für das anstehende Problem eine Lösung gefunden werden kann. Ihre Kritik wird deutlich ankommen, wenn sie klar und in der Ich-Form formuliert ist. Während die Beraterin klar ein Ziel benennen kann (das möchte ich ...), ist es ratsam, den Weg zu diesem Ziel der Schülerin zu überlassen. Sie kann dazu Vorschläge machen. Am Ende eines solchen Gesprächs kann ein zuversichtlicher Ausblick eine gute Abschluss-Stimmung fördern.

Eine mögliche Abfolge für eine Kritikgespräch:

Ziel	**Beispiel**
Ankündigung des Vorhabens	*„Es gibt da eine Sache, die ich gerne mit dir besprechen möchte, Sabine."*
Ansprache von zunächst gut funktionierenden, unproblematischen Bereiche durch positives Feedback	*„Du bist eine lebendige und fröhliche Schülerin. Du verstehst dich mit den meisten Kindern in deiner Klasse gut und steckst auch mich oft mit deiner guten Laune an."*
Äußern von Zuversicht	*„Ich bin (deshalb) zuversichtlich, dass wir bei dem Thema, das ich jetzt ansprechen möchte, eine Regelung finden werden."*
Äußerungen von Kritik konkret und in der Ich-Form	*„Gestern bist du mit 2 anderen Mädchen 20 Minuten zu spät aus der Pause gekommen. Auf meine Fragen habt ihr nur gekichert. Das Gleiche ist mir schon mehrmals aufgefallen."*
Ziel benennen (nicht den Weg!)	*„Ich möchte mich darauf verlassen können, dass nach der Pause alle Schüler und Schülerinnen wieder da sind."*
Ideen erfragen	*„Welche Ideen hast du, wie das in Zukunft klappen kann?"*
– und den Vorschlag paraphrasieren	*„Ah ja, du schlägst vor ..."*
7a. Vereinbarung oder	*„Das können wir gerne einmal versuchen. Vielen Dank."*
7b. Skepsis	*„Das haben wir auch schon öfter probiert / da bin ich skeptisch. Welchen anderen, ganz neuen Vorschlag hast du?"*

Ziel	Beispiel
8. Vereinbarung zur Überprüfung	*„Wann können wir uns noch einmal treffen und besprechen, was jetzt besser klappt?“*
– und Dank	*„Danke für deine Zeit / dieses Gespräch.“*

Kritikgespräch im Auftrag eines andern (in einer bestimmten Funktion)

Manchmal gehört es zu der speziellen Rolle, die wir an einer Schule innehaben (Schulleitung, Stufenkoordination, Trainingsraumlehrer oder andere), dass SchülerInnen für ein kritisches oder disziplinierendes Gespräch zu uns kommen sollen, obwohl es KollegInnen sind, die sich geärgert haben oder einen Konflikt hatten.

Für LehrerInnen bedeutet es oft einen großen Rückhalt, eine Schülerin oder einen Schüler hinaus aus dem Unterricht zu einem reflektierenden Gespräch zu schicken, das ihnen erlaubt, die kritische Situation zu beenden und ohne den disziplinarisch herausfordernden Konterpart den Unterricht fortzuführen.

Es macht viel Sinn, diese unterschiedlichen Rollen im Prozess explizit zu besprechen. Wenn die fragliche Schülerin überhaupt zum Gespräch erscheint, ist dies – wie auch immer motiviert – ein Akt der Kooperation, der als Ausgangspunkt für ein Gespräch und eine Absprache dienen kann.

Ziel	Beispiel
Dank für das Erscheinen zum Gespräch	*„Herr Müller hat dich zum Gespräch geschickt, Sabine. Danke, dass du gekommen bist."*
Ansprache von zunächst gut funktionierenden, unproblematischen Bereichen durch positives Feedback	*„Du bist schon 3 Jahre an unserer Schule und ich habe immer viel Freude, wenn ich dich im Schulchor singen höre."*
Äußern von Zuversicht	*„Ich bin (deshalb) zuversichtlich, dass wir heute hier eine Regelung finden können, mit der wir alle leben können."*
Erfragen des Anlasses in zirkulärer Form (aus Sicht der überweisenden KollegIn)	*„Was meinst du, was Herr Müller mir erzählt, wenn ich ihn frage, wieso er dich zu mir geschickt hat?"*
Erfragen der Sicht der Schülerin ohne Diskussion	*„Und was meinst du dazu?"*
Ziel in zirkulärer Form (aus Sicht der überweisenden KollegIn)	*„Was meinst du, was Herr Müller bei dir sehen muss, damit er sich sagt: ‚Das Gespräch ist gut gelaufen.'"*
Ziel aus Sicht der Schülerin erfragen	*„Was muss bei diesem Gespräch herauskommen, damit auch du dir sagst, es ist gut gelaufen?"*
Ideen erfragen	*„Welche Ideen hast du, wie das in Zukunft klappen kann?"*
– und den Vorschlag paraphrasieren	*„Ah ja, du schlägst vor … ."*
Skepsis äußern und weitere Ideen erfragen oder … .	*„Das haben wir auch schon öfter probiert / da bin ich skeptisch. Welchen anderen ganz neuen Vorschlag hast du?"*

Ziel	Beispiel
Ergebnis akzeptieren und festhalten (lassen)	*„Das können wir gerne einmal versuchen. Kannst du es aufschreiben? Vielen Dank.“*
Ausblick (je nach Schulregeln und Gepflogenheiten) und Evaluation	*„Wann sollten wir uns noch einmal treffen und besprechen, was jetzt besser klappt?“* *„Danke für deine Zeit / dieses Gespräch.“*

Transtheoretisches Modell – Stufen der Veränderung

In ihrem Buch „Changing for Good“ legten Prochaska, Norcross und di Clemente, alle Professoren für Psychologie an verschiedenen nordamerikanischen Hochschulen, im Jahr 1995 ein Phasenmodell für den Prozess vor, in dem Menschen sich verändern. Ergebnis ihrer eigenen Forschungen und der zahlreichen Forschungen, die sie ausgewertet haben: Es macht Sinn, 5 Stufen der Veränderung zu unterscheiden und durch spezifische Hilfestellungen zu begleiten. Dieses Modell kann hilfreich sein, wenn wir unsere Zeit und Energie einteilen.

Berater handeln häufig so, als seien alle ihre Klienten im Handlungsstadium der Veränderung. Sind die Klienten weniger motiviert und zögerlich, führt dies zu Enttäuschungen bei den Beratern.

Es ist – so Prochaska, Norcross und di Clemente – günstig, sich zu vergewissern, in welcher Phase sich unsere KlientInnen gerade befinden, um Veränderungsprozesse adäquat fördern zu können.

Wenn wir häufiger Kontakt mit der Person haben, die wir beraten, können wir sie schon zu Beginn in eine der Phasen des Modells einordnen. Bei einer Erstberatung mit einer unbekannten Person muss die Einordnung während des Gesprächs erfolgen oder in einer Gesprächspause.

In vielen systemischen Beratungsschulen nehmen sich die BeraterInnen zum Abschluss des Gesprächs eine kleine Pause und Auszeit, verlassen den Raum und formulieren eine Rückmeldung für die Klientin. Diese Pause kann die Beraterin nutzen, um ihre Klientin in die Phasen des transtheoretischen Modells einzuordnen und die geeignete Unterstützung für sie zu leisten.

Phase	Kennzeichen	Geeignete Unterstützung
Vorphase des Nachdenkens (Präkontemplation) ***Precontemplation***	Die Umgebung der KlientIn sieht Veränderungsbedarf, die KlientIn selbst noch nicht.	Sicht der KlientIn akzeptieren, freundlich bleiben, herausfinden, warum (z. B. wem zu Gefallen) die KlientIn gekommen ist, Bereitschaft zu weiterem Gespräch äußern
Phase des Nachdenkens (Kontemplation) ***Contemplation***	Erstes zweifelndes Problembewusstsein, Pendeln zwischen Veränderungswunsch und *„Bleiben wie ich bin“*, Informationsbedürfnis	Informationen geben, nicht drängen, eher Veränderungstempo drosseln (*„... nur langsam verändern!“*)
Phase der Vorbereitung ***Preparation***	Erste Veränderungs-experimente	Erste Schritte ermutigen, Auswahl der Veränderungs wege unter Wahlfreiheit der KlientIn begleiten
Handlungsphase ***Action***	KlientInnen verändern sich konsequent und planen für eine veränderte Zukunft	Veränderung bestärken, helfen, aus Rückfällen Lernfälle zu machen
Durchhaltephase ***Maintenance***	Die KlientIn behält die Veränderungen bei und passt schrittweise ihre Alltagsorganisation an	Anerkennung, ermutigende Begleitung, Sicherungspläne bei Rückfällen (*„Was tue ich, wenn ...?“*)

4. Beratung mit SchülerInnen 63

4. Beratung mit SchülerInnen

In diesem Kapitel finden sich, dem Gang einer Beratung folgend, Bausteine für die Beratung von Schülerinnen, die in beliebiger Reihenfolge erprobt werden oder als Anregung gelesen werden können.

Hier noch einmal die grundlegende Überzeugungen zur Beratung von Schülern und Schülerinnen:

- Kinder und Jugendliche freuen sich über gute Beziehungen zu ihren Eltern, Mitschülern und Lehrern und möchten von diesen anerkannt sein.
- Kinder und Jugendliche haben einen eigenen starken Drang zu lernen und zu wachsen. Sie sind neugierig, wissbegierig und haben Freude an wachsenden Erfolgen.
- Kinder und Jugendliche wollen „dazugehören" – in ihren Gruppen und in altersgemischten Gruppen wie Familien, Vereinen und Nachbarschaften.
- Wer schaut, was Schüler schon richtig machen und darauf aufbaut, braucht weniger zu arbeiten, aber ist effektiv!

Einen guten Einstieg finden

Egal, ob die Jugendlichen sich das Gespräch selbst gewünscht haben oder sie geschickt wurden: Es lohnt, gleich zu Anfang eine gute Beziehung herzustellen. Dafür eignen sich die folgenden „Türöffner“ gut.

Türöffner 1: Was kannst du gut?

Ziel	**Beispiel**
Fähigkeiten und Kompetenzen erfragen	*„Wir kennen uns ja schon, aber ich merke, dass ich nie genug über die Kinder und Jugendlichen weiß, die hier lernen. Also frage ich dich: Was kannst du gut?“*
Fähigkeiten und Kompetenzen außerhalb der Schule erfragen	*„Und was kannst du außerhalb der Schule (außerdem noch) gut?“*
Bei wenigen Äußerungen: zirkuläre Vertiefung	*„Was würden deine Freunde sagen, kannst du gut? Dein Lehrer? Deine Eltern? Deine Großeltern?“* *„Und was meinst du dazu?“*
Vertiefen der Fähigkeit	*„Das kann ja nicht jeder.“* *„Wie hast du das gelernt?“* *„Und wie kam das?“*
Vertiefen auf Persönlichkeitsmerkmale hin	*„Wie muss jemand sein, um ... gut zu können?“* *„Was würdest du einem jüngeren Kind empfehlen, das auch ... lernen will? Was muss dieses Kind können und mitbringen? Wie muss ein solches Kind sein?“*

Außerschulische Hobbys oder Kompetenzen zu erfassen, dient nicht nur als Türöffner. Die Beraterin erfährt hier von neuen Ressourcen, die es zu notieren lohnt. Außerhalb der Schule scheinen manche Fähigkeiten auf, die im trockenen Schulunterricht mit wenig interessanten Themen verborgen bleiben. So zeigen viele Schüler im Bereich Hobby Fähigkeiten wie

- Initiative
- Durchhaltevermögen
- Geduld
- Fleiß
- Frustrationstoleranz
- langfristige Ambitionen,

die im täglichen Schulbetrieb verborgen bleiben. An diesen Fähigkeiten anzusetzen bildet eine wunderbare Gesprächsbasis, die den engen Blick auf die rein schulischen Anliegen hinter sich lässt.

Türöffner 2: Was möchtest du später einmal werden?

Der Blick über die Pforten der Schule hinweg auf das spätere Berufsleben zeigt interessante Wünsche und Träume unserer Schüler und Schülerinnen. Häufig scheinen hier nicht nur Vorlieben, sondern Fähigkeiten und Selbstvertrauen in ungeahnten Bereichen auf. Vorbilder können hier erfragt werden, und ganz ohne unser Zutun steht gelegentlich der formale Schulabschluss, den die SchülerInnen für den geplanten Berufsweg brauchen, als Meilenstein mit auf dem Weg zum Traumberuf.

Ziel	Beispiel
Erkunden des beruflichen Ziels oder alternativ des Kompetenzbereichs	*„Was würdest du heute sagen, willst du später einmal werden?“* Oder: *„In welchem Bereich bist du gut?“*

Ziel	Beispiel
Fragen nach notwendigen Kompetenzen für diesen Bereich	*„Was müssen Leute können, die in diesem Bereich arbeiten wollen?“* *„Wie wird man denn gut in ...?“* *„Was muss man können, um gut in ... zu sein?“*
Frage nach nützlichen Elementen in der Schule	*„Welche Fächer oder anderen Dinge hier aus der Schule sind dabei nützlich?“*
Beispiel für Übergang zum Beratungsbeginn	*„Was möchtest du mit mir besprechen und warum gerade jetzt?“*
Frage nach vorherigen Beratungserfahrungen	*„Hattest du schon mal eine andere Beratung, in der Schule oder anderswo?“*
Frage nach nützlichen Elementen	*„Und was war da besonders nützlich für dich?“*

Vom Problem zum Anliegen

Zuhören, Zusammenfassen, Aktiv Zuhören

In einer Beratung geht es zunächst einfach darum, das Anliegen unseres Gegenübers zu verstehen. Selbst wenn wir sofort eine Abwehr verspüren und mit Inhalten nicht einverstanden sind, sollten wir zunächst durch zusammenfassendes aktives Zuhören versuchen, das Anliegen unseres Gegenüber zu verstehen und dieses Verständnis auf eine wertfreie Art zu dokumentieren. Dies geschieht durch Einleitungen wie: *„Wenn ich dich richtig verstanden habe, ist dir wichtig, dass ...“*, *„Ah, ich fasse das noch einmal zusammen: du möchtest gerne lieber ... als ... . Ich verstehe.“*. Dabei heißt *„Ich verstehe ...“* ja nicht *„Ich finde das richtig und gut.“*, aber es zeigt Respekt gegenüber dem Sprecher sowie Gelassenheit und Offenheit gegenüber dem Anliegen, selbst wenn der Berater zunächst wenig Aussicht auf Verwirklichung sieht.

Aktiv Zuhören in der Vergangenheit

Manfred Prior empfiehlt in seinem Band „MiniMax für Lehrer“ eine optimistisch zukunftsgewandte Form des aktiven Zuhörens: Die Probleme und Beschwernisse werden zusammengefasst wiedergegeben, aber in der Vergangenheitsform: „Bisher hat dir Mathe wenig Spaß gemacht.“, „Bisher waren dir die Hausaufgaben immer lästig.“. Dadurch wird die Überzeugung und das Zutrauen vermittelt, dass sich in Zukunft etwas ändern wird.

Statt Problemerforschung: Wie wird es sein, wenn das Problem nicht mehr da ist?

Statt lange bei Problemen zu verharren und genau erforschen zu wollen, wie sie entstanden sind, versuchen wir in der Beratung möglichst schon in der Einstiegsphase ein lebendiges Bild davon zu entwerfen, wie der Alltag anders sein wird, wenn das Problem nicht mehr da ist.

Wie ist die Schule, der Unterricht, die Freundschaft anders, wenn das Problem nicht mehr da ist? Wie wird das Leben morgen anders sein, wenn ein kleiner Schritt raus in die richtige Richtung gemacht wird? Woran wird unsere Gesprächspartnerin erkennen, dass sich etwas zum Guten verändert?

Veränderungen vor der Beratung

Meist ist (zumindest in der klassisch verabredeten Beratung) eine gewisse Zeit zwischen der Vereinbarung eines Gesprächs und dem tatsächlichen Beratungsgespräch selbst verstrichen. Das können Tage, aber auch nur Stunden sein, wenn z. B. eine Schülerin zur Schulleitung zum Gespräch geschickt wird. Erstaunliche Ergebnisse bringt die Frage nach den Verbesserungen, die in der Zwischenzeit bereits eingetreten sind. Leben verändert sich ohnehin ständig und das Gespräch wirkt sozusagen schon vor seinem Stattfinden. Wir als Beratende bekommen zusätzlich einen guten Einblick in die speziellen Lösungsstrategien der SchülerInnen.

Ziel	Beispiel
Veränderungen vor der Beratung als Erfahrungswert einführen	*„In den meisten Fällen, die ich berate, sind zwischen dem Anlass und dem eigentlichen Gespräch bereits kleine Verbesserungen eingetreten."*
Veränderungen vor der Beratung als Erfahrungswert einführen	*„In den meisten Fällen, die ich berate, sind zwischen der Terminvereinbarung und dem eigentlichen Gespräch bereits kleine Verbesserungen eingetreten."*
Frage nach den individuellen Erfahrungen damit.	*„Welche waren das bei dir?" „Welche haben Sie bemerkt?"*

Einen Auftrag für heute holen

Wer gut helfen und lehren kann, begeistert sich leicht für die eigenen Fähigkeiten. Daraus entsteht eine kleine innere Stimme der pädagogischen Begeisterung, gepaart mit ein wenig Größenwahn, die als Persönlichkeitsanteil fast bei allen helfenden Berufen anzutreffen ist. Das führt dazu, dass eher die Beraterin als die Schülerin überzogene Erwartungen an die Beratung hegt. Eine bewährte Gegenstrategie, die das Beratungsziel im realistischen Alltag verortet, ist, mit den Schülern ein Ziel für die jetzt konkrete Beratungseinheit zu entwickeln. Hier sind hilfreiche und optimistische Formulierungen dazu:

Ziel	Beispiel
Klaren Auftrag für das aktuelle Gespräch holen	*„Was kann hier heute Hilfreiches geschehen? So hilfreich, dass du dir sagst: Gut, dass dieses Gespräch stattgefunden hat."*
Auftrag mit Betonung des Fortschritts erfragen	*„Was muss hier jetzt geschehen, dass du dir sagst: Wir sind in diesem Gespräch weitergekommen?"*

Ziel	Beispiel
Auftrag mit optimistischer Überzeugung erfragen	*„Bisher war es so … und jetzt wünschst du dir … Was kann bereits heute in diesem Gespräch passieren, dass du dir sagst: Das hat sich gelohnt!“*

Gute Ziele – Eine Entwicklungsrichtung festlegen

Ein Grundstein ressourcen- und lösungsfokussierter Kommunikation ist die Verwandlung von Problemen und Beschwerden in Ziele. Ziele beschreiben die Anwesenheit von etwas und nicht die Abwesenheit von etwas.
So wird beispielsweise aus *„Mobbing stoppen“*: *„Mich in der Schule / auf dem Schulhof / auf dem Nachhauseweg sicher fühlen“*.
Hilfreich ist es, Gefühle mit einem konkreten Verhalten zu verbinden: Was werden Menschen sehen, was werde ich konkret tun, wenn die Entwicklung in eine gute Richtung geht?
Noch hilfreicher ist es, wenn das Ziel sich auch messen lässt: Wie oft werde ich etwas Bestimmtes tun? Wann und wo?
Ideal ist es, Ziele zu formulieren, die schon zum Teil umgesetzt sind. Wenn eine Sache einmal getan werden konnte, ist die Wahrscheinlichkeit für ein zweites Mail größer.

Hilfreiche Gesprächsbausteine dazu sind:

Ziel	Beispiel
Die Abwesenheit von etwas durch die Anwesenheit von etwas ersetzen	*„Wenn du … nicht mehr möchtest, was möchtest du stattdessen?“* *„Wenn du … nicht mehr machst, was machst du stattdessen?“* *„Was ist dir wichtig? Wovon möchtest du mehr?“*
Ziel einer guten Entwicklung erfragen	*„Wenn sich alles gelöst hat, was kannst du dann tun?“* *„Und wie kannst du dann sein?“*

Ziel	**Beispiel**
Gefühle mit einem konkreten Verhalten verbinden	*„Woran werden deine Freunde merken, dass du dich auf dem Schulweg sicher fühlst?"* *„Woran werden deine Eltern merken, dass du dich auf dem Schulweg sicher fühlst? Was werden sie bei dir sehen?"*

Fähigkeiten lernen und Vorbilder nutzen

Schüler haben ein gutes Gespür dafür, was sie noch lernen sollten. Sie dies selbst formulieren und entscheiden zu lassen, hat viele gute Seiten. Für solche Lernziele und den Weg dahin können Vorbilder sehr nützlich sein.

Hier folge ich Schritten aus Ben Furmans „Ich schaffs"-Modell mit ein paar Formulierungsbeispielen:

Ziel	**Beispiel**
Eigenes Ziel finden	*„In welchem Bereich denkst du: Das müsste doch besser gehen!"* *„Da ist doch mehr drin!"*
Aufspüren der dafür notwendigen Fähigkeiten	*„Welche Fähigkeit musst du dafür erlernen?"* *„Was davon kannst du schon?"* *„Was müsstest du dafür noch besser können?"*
Nach dem Nutzen fragen	*„Welchen Nutzen hast du davon, wenn du das kannst?"* *„Wer außer dir wird das noch nützlich finden, wenn du das kannst?"*
Nach Helfern fragen	*„Wer hilft dir dabei?"*

Ziel	Beispiel
Vorbilder erkunden	*„Wer von den älteren Schülerinnen ist dein Vorbild?"* *„Wie macht sie es?"* *„Was möchtest du von ihr übernehmen, was nicht?"*

Positiver Klatsch

Schüler und Schülerinnen wollen, dass ihre Lehrer und Lehrerinnen sie mögen und stolz auf sie sind. Auch wenn manchmal anders unter Gleichaltrigen vertreten: Im Grunde hätten alle Schüler gerne einen guten Ruf an der Schule und bei ihren Lehrern. Die Vorstellung, dass in der Abwesenheit eines Schülers über ihn geredet wird, aber diesmal in positiver Form, bringt oft eine entspannende und witzige Perspektive ins Gespräch. Hier eine Mikrosequenz, die ganz flexibel eingesetzt werden kann:

Ziel	Beispiel
Ergründen, was LehrerInnen untereinander über die Schülerin erzählen sollten	*„Was möchtest du am liebsten, dass deine LehrerIn anderen Lehrern über dich erzählt?"*
Ergründen, was LehrerInnen im offiziellen Konferenzrahmen über die Schülerin erzählen sollen	*„Was möchtest du am liebsten, dass deine LehrerInnen in der Konferenz über dich erzählen?"*
Ergründen, was LehrerInnen den Eltern erzählen sollen	*„Was möchtest du am liebsten, dass deine LehrerInnen deinen Eltern erzählen?"*

Ziele kleiner und leichter machen

Für Kinder und Jugendliche ist Zeit eine ganz andere Größe als für die meisten Erwachsenen. Ein Schuljahr kann schier endlos erscheinen. Für Kinder annehmbarer, realistischer und unmittelbarer ist es, kleine Ziele zu setzen, Teilziele zu entwickeln, das Schuljahr in Abschnitte zu zerlegen und Ziele für eine Woche, einen Tag, eine Schulstunde oder gar den Teil einer Schulstunde zu formulieren.

Hilfreiche Gesprächsbausteine dazu sind:

Ziel	**Beispiel**
Das große formulierte Ziel in Teilziele herabbrechen	*„Wenn dein Ziel für die Hausaufgaben die 7 ist und du bist jetzt auf der 4, wie hoch soll dein Wert denn bis Weihnachten sein und wie hoch bis zum Halbjahreszeugnis?“*
Eine zu optimistische und schnelle Entwicklung eher drosseln	*„Das ist für die meisten Kinder zu schnell. Meist geht es sich in halben Schritten leichter. Wann bist du bei 4,5 und wann bei 5,0?“*
Herunterbrechen auf kleine Experimente	*„In welcher Stunde könntest du denn einmal für ein paar Minuten ausprobieren, wie es ist, sich häufig zu melden?“* *„An welchem Tag könntest du für – sagen wir 20 Minuten – so tun, als seist du mit den Hausaufgaben schon auf 7 und beobachtest dann, was passiert.“*

Wunderfrage und Variante

Gute Beratung in der Schule ist immer die Beratung zu etwas hin und nicht von etwas weg. Deshalb sind die Schilderungen einer erwünschten Zukunft und möglichst viele Details der gewünschten Entwicklungsrichtung von immenser Bedeutung. In der Beratung von Erwachsenen kennt die systemische Beratung seit Insoo Kim Berg dazu ein wunderbares Instrument: die Wunderfrage.

Ganz kurz dargestellt sieht die Wunderfrage für Schüler wie folgt aus:

Ziel	Beispiel
Ruhig das innere Bild des Wunders einladen	*„Stell dir vor* (Pause), *du machst heute Abend deine üblichen Dinge* (Pause), *und gehst schließlich ins Bett schlafen. Während du schläfst* (Pause), *geschieht ein Wunder und das Problem oder die Sorgen, die du berichtet hast, sind verschwunden, einfach so. Du weißt aber nicht, dass dieses Wunder geschehen ist. Woran merkst du am nächsten Morgen als Erstes: Mensch, hier ist wohl ein Wunder geschehen?“*
Viele Details der erwünschten Zukunft erfragen	*„Und woran merkst du noch, dass ein Wunder geschehen ist?“* *„Und woran noch?“* *„Und wie verläuft dein Wundertag weiter?“* *„Wie kannst du dann anders sein?“*
Durch zirkuläre Fragen das Wunder im sozialen Umfeld verankern	*„Was bemerken (wichtige Andere, z. B.) deine Eltern / deine LehrerInnen / deine FreundInnen an dir am Wundertag? Was sehen sie?“*

Der ideale (Schul-)Tag / die ideale (Schul-)Woche

Viele junge Leute fühlen sich unbehaglich mit der Wunderfrage. Ihr Zukunftshorizont ist entwicklungsbedingt viel kleiner als der von Erwachsenen, die im Berufsleben stehen. Häufig bewährt sich hier eine Verkürzung auf eine Woche oder gar einen Tag:

Ziel	**Beispiel**
Frage vorbereiten und begründen	*„Damit ich weiß, in welche Richtung es idealerweise für dich gehen soll, habe ich eine etwas merkwürdige Frage. Darf ich die dir stellen?"*
Ruhig das innere Bild des Wunders einladen	*„Stell dir vor* (Pause), *du darfst dir für morgen einen Super-Schultag wünschen, wo alles so wunderbar läuft, wie du es dir nur vorstellen kannst. Wie würde der Tag aussehen? Kannst du ihn mir vom Aufwachen bis zum Schlafengehen beschreiben?"*
Viele Details der erwünschten Zukunft erfragen	*„Und wie sieht dein Wundertag weiter aus?"* *„Und wie noch?"* *„Und wie verläuft dein Wundertag weiter?"* *„Wie kannst du an diesem Wundertag anders sein?"*
Durch zirkuläre Fragen das Wunder im sozialen Umfeld verankern	*„Was bemerken (wichtige Andere, z. B.) deine Eltern / deine LehrerInnen / deine FreundInnen an dir am Wundertag? Was sehen sie?"*

Ausnahmen und Erfolge

Wissen wir in der Beratung erst einmal, in welche Richtung die Entwicklung gehen soll, brennen uns vielleicht schon Vorschläge und Lösungswege unter den Nägeln, die BeraterInnen in der Schule in jahrelanger pädagogischer Praxis als hilfreich erfahren haben.
Richtschnur können aber in der Beratung nicht die Lösungswege der Beraterin sein, sondern nur die gelungenen Lösungsstrategien der Klientin. Deshalb verbinden wir das Wunder mit gelungener Gegenwart und erfolgreicher Vergangenheit. Durch geeignete Fragen und später durch Skalen werden die aktuellen Wünsche mit der gelungenen Vergangenheit und Gegenwart verbunden.

Hier Möglichkeiten, dies in der Beratung zu erforschen:

Ziel	Beispiel
Herausfinden, unter welchen Bedingungen kleine Teile des Wunders schon auftreten	*„Wann zuletzt hast du schon kleine Teile eines solchen Wundertags erlebt?"* *„Wann zuletzt gab es mal eine Unterrichtsstunde, die ein bisschen wie am Wundertag war?"* *„Wann zuletzt war es in eurer Klasse mal ein bisschen wie am Wundertag?"*
Herausfinden, welche Teile des heutigen Alltags schon mit zum Wunder gehören	*„Was an deiner Schule / am Stundenplan / gefällt dir so gut, dass du es auch an einem Wundertag beibehalten möchtest?"*
Herausfinden, welche Personen bereits jetzt zum Wunder beitragen	*„Welche deiner Lehrer sind an einem solchen Wundertag auf jeden Fall noch dabei?"* *„Welche deiner Klassenkameraden sind an einem solchen Wundertag noch dabei?"*

Die eigene Beteiligung – die eigene Leistung

Kleine Verbesserungen – den eigenen Anteil betonen

Manchmal werden kleine Verbesserungen genannt, kleine Teile des Wunders, die bereits eingetreten sind, die aber ausschließlich in der Verantwortung von anderen liegen. Unser Schüler, den wir beraten, schildert sich selbst als relativ ohnmächtig, den Launen und der jeweiligen Stimmung anderer Beteiligter ausgeliefert. Beispiele sind:

- *Da war unser Lehrer gut gelaunt.*
- *Da war die Mathearbeit leichter.*
- *Da haben mich die anderen weniger geärgert.*

Hier ist das Ziel, eigene Aktionen der beratenen Schülerin in den Fokus zu holen.

Ziel	**Beispiel**
Eigene Vorarbeit an der besseren Situation herausarbeiten	*„Was hat auch dich an diesem Tag in guter Laune in die Schule gebracht?“* *„Wie gut drauf warst du an diesem Tag?“* *„Wie kam das, dass die Mathearbeit dir leichtfiel? War das eher ein Thema, das dir von Natur aus liegt oder war das eher eins, für das du schon einiges gearbeitet hattest oder auch beides?“* *„Wie anders warst du an dem Tag, als die anderen freundlicher waren?“*
Eigene Reaktionen als Beitrag zur besseren Situation erinnern	*„Wie konntest du auch an dem Tag anders sein, als der Lehrer gut gelaunt war?“* *„Wie konntest du dann anders sein an dem Tag, als die anderen freundlicher waren?“*

Es gibt immer Erfolge im bisherigen Weg

Wenn die Schülerin in der Beratung vor mir sitzt, hat sie schon einiges an Erfolgen hinter sich. Sie ist mit LehrerInnen und KlassenkameradInnen gut ausgekommen, sie hat Klassenarbeiten bestanden, sie hat in manchen Fächern gute Noten bekommen.
Nicht immer sind die gefundenen Wege und Lösungen funktional – manchmal quälen sie auch oder sind sehr anstrengend, aber sie waren erfolgreich. Sie waren das kleinere Übel. Sie waren zumindest irgendwann einmal hilfreich. Deshalb haben diese bisherigen Arbeitsstrategien einen Ehrenplatz in der Beratung verdient.

Hilfreiche Gesprächsbausteine:

Ziel	Beispiel
Bisherige Arbeitsstrategien erfragen	*„Du hast schon viele Klassenarbeiten geschrieben und einige davon auch recht gut. Wie hast du dich auf diese Arbeiten vorbereitet? Was war da hilfreich?"* *„Und wie könnte das auch heute helfen? Was meinst du?"*
Erweiterungswünsche erfragen	*„Was würde denn noch helfen? Was hast du schon überlegt?"*
Passung diskutieren	*„Inwieweit passt das zu dir und zu dem, was du schon kannst? Und was müsstest du neu lernen oder verändern?"*
Bisherige Konfliktlösungen erfragen	*„Du bist ja schon länger Schülerin. Da gab es bestimmt auch schon einmal Konflikte und Missverständnisse mit Lehrern oder Lehrerinnen? Wie haben sich die gelöst? Was war da hilfreich?"*
Erweiterungswünsche erfragen	*„Was würde denn noch helfen? Was hast du schon überlegt?"*

Ziel	Beispiel
Passung diskutieren	*„Inwieweit passt das zu dir und nutzt das, was du schon kannst? Und was müsstest du dafür besser können? Oder müsstest du dich sogar völlig verändern?“*

Ausnahmen in der Vergangenheit: Es gab immer irgendwann bessere Zeiten mit …

Wenn Klagen und Missverständnisse mit einer Lehrerin das Thema sind, haben solche Entwicklungen meist eine Geschichte.
Statt den Grund und die Ursache für die schlechte Entwicklung zu suchen, forscht lösungsfokussiertes Arbeiten nach besseren Zeiten und schaut genau, was damals anders war. Bessere Zeiten zeigen mir als Beraterin ganz deutlich, zu welchem Verhalten und welcher Kommunikation genau diese Lehrerin und diese Schülerin in der Lage sind, und ich erforsche, was nötig ist, um davon in Zukunft wieder etwas umzusetzen.
Denn: Es ist viel leichter eine Ausnahme zu wiederholen als ein völlig neues Verhalten zu erlernen.

Hilfreiche Gesprächsbausteine können hier sein:

Ziel	Beispiel
Bessere Zeiten erfragen	*„Wann zuletzt habt ihr euch besser verstanden?“* *„Was war da anders?“* *„Wie war Frau … anders und wie warst du anders?“*
Zirkuläre Sichtweise erfragen	*„Wenn Frau … jetzt hier wäre, was würde sie wohl sagen, wie du damals anders warst?“* *„Und was meinst du dazu?“*
Wünsche nach guter Bewertung erkunden	*„Was hättest du gerne, dass Frau … ihren KollegInnen über dich erzählt?“*

Was ist heute erstaunlich glatt oder gut gelaufen?

Es ist viel hilfreicher, gemeinsam mit Schülerinnen herauszufinden, was gut läuft und wovon sie mehr haben wollen, als sich mit Dingen zu beschäftigen, die nicht gut laufen.

Beispiele für hilfreiche Gesprächsbausteine:

Ziel	Beispiel
Eine Beschreibung dessen hervorlocken, was gut läuft	*„An jedem Tag in der Schule läuft irgendetwas schlechter als sonst und wieder anderes läuft besser als sonst. Was ist heute besser gelaufen?“*
Eine Beschreibung dessen hervorlocken, was so bleiben soll	*„Wenn du alles, was dir heute in der Schule passiert ist, ausradieren könntest, aber zwei Dinge solltest du behalten, welche zwei Dinge wären das dann?“*
Eine Beschreibung des Verhaltens in einer schwierigen Situation.	*„Erzähl mir: Wann in letzter Zeit hast du dich in einer schwierigen Situation (hier in der Schule) so verhalten, dass es dir hinterher richtig gut ging / du richtig stolz warst?“*
Eine Beschreibung von wertvollen Aspekten an der Schule erfragen	*„Nenne mir 3 Sachen an der Schule, die du so gut findest, dass du sie auf keinen Fall ändern willst.“*

Wo hast du das gelernt?

Als professionelle Kräfte im schulischen und beraterischen Kontext neigen wir dazu, alle positiven Ergebnisse unserem pädagogischen Wirken zuzuschreiben. Hier kann die Frage „Wo hast du das gelernt?“ uns wichtige Lernagenten außerhalb der Schule zeigen und auch deutlich machen, wo und wie Kinder sich selbst etwas beibringen.

Ziel	Beispiel
Eine Fähigkeit der Schülerin rückmelden	*„Ich habe bemerkt, du kannst richtig gut …"*
Nach dem Lernprozess fragen	*„Wo und wie hast du das gelernt?"*
Nach förderlichen Personen fragen	*„Wer hat dir das beigebracht / gezeigt?"* *„Wer hat das gefördert?"*
Nach familiären Ressourcen fahnden	*„Können das viele in eurer Familie? Ist euch das sozusagen in die Wiege gelegt?"*
Bei außerfamiliärem Lernen	*„Wer waren deine Vorbilder?"* *„Und was hast du dir ganz alleine beigebracht?"*

Ressourcen der Schule und Klasse sehen

Fragen nach wertvollen und erhaltenswerten Ressourcen an der Schule schaffen ein gutes Gegengewicht zu Problemen oder schwierigen Situationen. Es ist daher günstig, sie immer wieder in die Beratung einfließen zu lassen, um keine „Problemtrance" entstehen zu lassen.

Hier ein paar Anregungen:

Ziel	Beispiel
Gute Aspekte der Klasse erfragen	*„Was in deiner Klasse läuft im Moment so gut, dass du es nicht verändern möchtest?"*
Gute Merkmale der Schule erfragen	*„Was an deiner Schule läuft im Moment so gut, dass du es nicht verändern möchtest?"*

Ziel	Beispiel
Gute Aspekte der Freizeit erfragen	*„Was in deiner Freizeit außerhalb der Schule läuft im Moment so gut, dass du es nicht verändern möchtest?“*
Gutes Selbstbild erfragen	*„Was meinst du, was dein Lieblings-Lehrer sagt, was fehlt, wenn du einmal einen Tag nicht zur Schule kommst?“*
Gute Ereignisse erinnern	*„Nenne mir eine Sache in der vergangenen Woche, die du öfter haben möchtest.“*

Die eigene Beteiligung in der Schule

Viele Schüler empfinden sich als der Schule ausgeliefert. Sie haben den Blick dafür verloren, wie sie selbst den Unterricht mitgestalten.

Hier kann eine beraterische Sequenz den Blick auf den eigenen Anteil lenken.

Ziel	Beispiel
Interessen im Unterricht erkunden	*„Welches Thema war in der letzten Woche besonders interessant in der Schule?“*
Eigenen Anteil am Unterricht erkunden	*„Wo warst du in der letzten Woche am meisten bei der Sache?“* *„Wo hast du am meisten mitgearbeitet?“*
Zusammenhang zwischen Kompetenzen und Beteiligung erforschen	*„Wie bist du anders, wenn dich etwas interessiert?“* *„Wie bist du anders, wenn du etwas gut kannst?“*

Am Ende eines schwierigen Tages

Es gibt einfach schwierige Tage an der Schule – gute Beratung fragt neugierig: mit welcher Resilienz überstehen das Jugendliche, wie bestärken sie sich selbst? Um dazu Antworten hervorzulocken, eignen sich Fragen wie die folgende:

Ziel	Beispiel
Erfragen, wie schwierige Zeiten gemeistert werden	*„Manche Tage in der Schule sind echt schwierig! Wann zuletzt konntest du am Ende eines schwierigen Tages zu dir sagen: Das war schwierig, aber ich hab das ganz gut überstanden?"* *„Besser gings eigentlich nicht zu handeln?"* *„Wie hast du das an dem Tag gemacht?"*
Zirkuläre Sichtweise erfragen	*„Wenn Frau ... jetzt hier wäre, was würde sie wohl sagen, wie du einmal in einer schwierigen Situation gut gehandelt hast?"* *„Und was meinst du dazu?"*
Aus dem Erlebten Weisheiten ableiten	*„Was würdest du einem Fünftklässler raten, wenn es einmal schwierige Tage in der Schule gibt?"*

Die eigenen Leistungen sehen – Lass den Fan sprechen

Wenn SchülerInnen ihre eigenen Leistungen nur unzureichend sehen, kann Beratung durch zirkuläre Fragestellungen neue Aspekte hereinbringen. Hier eine von vielen möglichen Methoden:

Alle SchülerInnen haben irgendwo einen Fan, sei es in der Schule oder außerhalb. Das kann ein Geschwister, ein Nachbarskind, aber auch ein älterer Mensch, ein junger Verwandter, die Patentante oder die Großmutter sein, jemand, der die positiven Dinge sieht und mit ungebrochener Bewunderung und Sympathie begegnet nur das Beste sieht und will.

Gerade , wenn es bescheidenen Kindern schwer fällt, eigene Erfolge zu berichten oder sich selbst zu loben, kann dies aus dem Mund des Fans erfragt werden.

Ziel	Beispiel
Eine Fan-Person identifizieren	*„Wer ist dein Fan?"* *„Ach, ganz bestimmt hast du einen Fan. Bei dem einen ist es ein Geschwister, bei dem anderen ein Nachbarskind oder die Oma – einfach jemand, der dich nur toll findet!"*
Vermutete Fremdeinschätzung erforschen	*„Was erzählt dein Fan über dich?"* *„Und was sagst/meinst du dazu?"*
Vertiefende Fragen	*„Was schätzt der Fan an dir?"* *„Und was sagst/meinst du dazu?"* *„Warum möchte er dich nicht eintauschen?"* *„Und was sagst/meinst du dazu?"* *„Was machst du für ihn möglich? Welche guten Seiten holst du bei dem Fan heraus?" „Was tust du für ihn?"* *„Was kann er durch dich?"*

Sei dein eigener Fan

Gut ist, wenn Schüler ihren Blick für ihre eigene Leistung und ihr eigenes Gelingen schärfen. Das macht sie idealerweise unabhängiger von äußerem Lob und bringt innere Stimmen zum Schweigen, die sonst nur verdammen und anprangern.
Außerdem schärft das Lob den Blick für den eigenen Beitrag an einem guten Geschehen.
Einen Versuch wert ist ein solcher Fragebogen:

1. **Welche Pause außerhalb des Unterrichts (vor dem Unterricht, Unterrichtspausen, nach dem Unterricht) hat mir heute am besten gefallen?**

___

2. **Was habe ich selbst dazu beigetragen, dass das eine gute Zeit war?**

___

3. **Welche Unterrichtsstunde hat mir heute am besten gefallen?**

___

4. **Was habe ich selbst dazu beigetragen, dass das eine gute Zeit war?**

___

5. **Welche Unterrichtsstunde hat mir heute am zweitbesten gefallen?**

___

6. **Was habe ich selbst dazu beigetragen, dass das eine gute Zeit war?**

___

7. **Was habe ich heute gelernt oder gefestigt, das ich gestern noch nicht wusste / konnte?**

___

8. **Wie habe ich das gelernt (Zuhören, Wiederholen, Ausprobieren, Notieren, um Erklärung gebeten, ...)**

___

9. **Darauf freue ich mich heute Nachmittag und Abend:**

___

Transfer von anderen schwierigen Dingen

Außerhalb der Schule gibt es Fähigkeiten zu lernen, die vielen Kindern und Jugendlichen schwerfallen. Radfahren, das Seepferdchen erringen, Schi- oder Schlittschuhlaufen sind lauter Dinge, die nicht einfach zu bewerkstelligen sind und Geduld, Ehrgeiz und Ausdauer erfordern. Oft ist es in der Beratung hilfreich, an solche Erlebnisse bewusst anzuknüpfen. Hilfreiche Bausteine dazu sind:

Erfragen, welche außerschulischen Dinge leicht gefallen sind.	*„Auch außerhalb der Schule hast du ja bis heute schon viele Dinge gelernt, schwimmen, Rad fahren, schwierige Spiele wie Fußball oder Schach."* *„Was ist dir da besonders leichtgefallen?"*
Erfragen, wann auch außerschulische Fertigkeiten schwer zu lernen waren.	*„Du hast aber auch Dinge gelernt, die nicht so einfach gingen, die dir schwergefallen sind. Du hast gelernt, was du vorher für unmöglich oder schwierig gehalten hast – erinnerst du dich noch?"* *„Was war denn besonders schwierig?"*
Erfragen, was damals beim Lernen geholfen hat.	*„Wie hast du es geschafft, das schließlich zu lernen?"* *„Wer hat dir geholfen?"* *„Was hast du dir damals gesagt?"* *„Wie hast du durchgehalten und es immer wieder versucht?"*
Erfragen, welche Technik oder Lebensweisheit auch in der Schule helfen könnte.	*„Was meinst du, würde ein Trainer im ... (das schwierige Hobby, das der Jugendliche genannt hat) dir für dein schwieriges Schulfach für einen Rat geben?"*
Parallelen zwischen dem schwierigen Hobby und dem schwierigen Schulfach konstruieren	*„Was meinst du: Welche Regel oder Weisheit oder welcher Trainerspruch aus dem ... (das schwierige Hobby, das der Jugendliche genannt hat) könntest du auch für dein schwieriges Fach anwenden?"*

Als ob ... – hilfreiche Gedankenspiele

So bin ich beim Super-Lehrer

Jeder Schüler hat seine Lieblingslehrer. Von diesen Lehrkräften ist die Schülerin begeistert. Sie nimmt fröhlich am Unterricht teil und die bewunderten LehrerInnen haben einen Freibrief, auch wenn sie einmal nicht so wahnsinnig gut drauf sind.

Das passende Verhalten der jugendlichen Bewunderer zu erforschen und es für eine „Als-ob"-Aufgabe zu nutzen, ist Ziel dieser kleinen Übung.

Ziel	Beispiel
Einen oder zwei bewunderte Lehrer erfragen	*„Wer ist im Moment dein absoluter Lieblingslehrer / -lehrerin hier an der Schule?"*
Gute Eigenschaften dieser Lehrkraft erfragen	*„Was macht dieser Lehrer besonders gut?"* *„Was ist das Besondere am Stil von Frau ..., das so gut für dich passt?"*
Erfragen, welches entsprechende Verhalten der Jugendliche dann pflegen kann	*„Und wie kannst du dann bei Frau ... sein?"* *„Was meinst du erzählt Herr ... im Lehrerzimmer, wie du so bist?"*
Einladung zum „Als ob"-Experiment	*„Da hätte ich ein kleines Experiment für dich: Nimm dir in einer der nächsten Stunden mit einem schwierigen Fach oder einem schwierigen Lehrer vor, für 10 oder 15 Minuten so zu tun und dich so zu benehmen, als stünde Herr/Frau (Lieblingslehrer) vorne."* *„Und beobachte, was passiert und berichte mir davon!"*

Lehrerin für einen Tag

Die Rollen einmal zu tauschen, auch nur in der Vorstellung, bringt einen großen Gewinn an Rollendistanz und Empathie. Vielleicht können mutige LehrerInnen das Phantasiespiel ja auch einmal in die Wirklichkeit übersetzen.

Ziel	Beispiel
Eigene Lehrerpersönlichkeit erfragen (die fiktiven „Schüler" sollten sich 1–2 Schuljahre unter dem Schüler befinden)	*„Stell dir vor, du bist für einen Tag Lehrer in einer 4. Klasse der Grundschule. Welches Fach würdest du dir aussuchen und welches Thema würdest du unterrichten?"* *„Wie würdest du das Thema für die Schüler interessant machen?"* *„Was sollten die Schüler tun und mitbringen, damit sie wirklich etwas lernen?"* *„Welche Gruppenarbeiten wären gut?" „Welche Hausaufgaben oder Stillarbeit würdest du geben?"* *„Welche Ideen hast du für den Fall, dass SchülerInnen den Stoff nur schwer/langsam verstehen?*
Zirkuläre Sichtweise erfragen	*„Wenn die Lehrerin in diesem Fach zuschauen könnte, was würde sie wohl sagen, wie du im Unterricht bist und was sie von dir lernen kann?"*
Schülersichtweise erfragen	*„Was würden die SchülerInnen wohl erzählen, was Klasse an deinem Unterricht war?"*

Direktorin für eine Woche

Wenn eine Schülerin alles an der Schule im Moment furchtbar findet, kann diese Form der Wunderfrage hilfreich sein. Die Schülerin wird eingeladen, für eine Woche sozusagen als Wunder die Schule völlig frei leiten und organisieren zu können.

Ziel	Beispiel
Nach eigenen Vorstellungen eine utopische Schule für eine Woche organisieren	*„Stell dir vor, du bist für eine Projektwoche Direktorin dieser Schule. Was würdest du in dieser Woche ansetzen? Was würden die Lehrer tun, was die Schüler?"* *„Du hast Geld genug und wirklich freie Hand. Die einzige Bedingung ist, dass alle Lehrer da sind und alle Schüler auch."*
Zirkuläre Sichtweise Lehrer erfragen	*„Wie würde es wohl den LehrerInnen unter deiner Leitung gehen?"*
Zirkuläre Sichtweise SchülerInnen erfragen	*„Was würden die SchülerInnen wohl erzählen, was in der Woche Gutes gelaufen ist?"*

Du als Lehrerin / Berater / Rektorin

Schülerinnen fühlen sich in einem Gewirr von Macht- und Ohnmacht gefangen. Hier hilft ein Phantasiespiel zum einen die Wünsche der Schülerinnen zu erforschen, aber auch kluge Vorschläge zu hören, die eventuell umgesetzt werden können.

Hilfreiche Gesprächsbausteine:

Ziel	Beispiel
Eine Beschreibung erhalten, was die Schülerin anstelle ihrer Lehrerin tun würde	*„Stell dir vor, du bist für einen Tag die Klassenlehrerin / Englischlehrerin / Direktorin? Was würdest du anders machen"* *„Wenn du von all diesen Dingen ein einziges aussuchen müsstest, das schon einmal einen Unterschied machen würde, welches würdest du dann aussuchen? Mit welchem würdest du beginnen?"*

Ziel	Beispiel
Zirkuläre Sichtweise erfragen	*„Wenn die anderen aus deiner Klasse jetzt hier wären, was würden sie wohl als Klassenlehrerin / Englischlehrerin / Direktorin anders machen?"* *„Dann seht ihr das ja ähnlich!"* Oder: *„Was ist für sie denn wichtig, was dir vielleicht nicht so wichtig ist?"* Oder: *„Was sehen sie denn nicht, was du aber siehst?"*

Welche Fächer machen Spaß?

Wenn alles an der Schule im Moment furchtbar ist, hilft es den Blick auf die Lernstoffe und Lerngelegenheiten zu lenken, die mehr Spaß machen. Was daran passt im Moment besser für den Schüler?

Hilfreiche Gesprächsbausteine:

Ziel	Beispiel
Lieblingsfächer erfragen	*„In welchen Fächern geht es im Moment ganz gut?"* *„Wenn es dort besser klappt: Zu wie viel Prozent von 100 ist es die Lehrerin und zu wie viel Prozent dein Interesse am Stoff?"* *„Was macht die Lehrerin dort / wie ist sie?"* *„Welche Dinge (bewusst vage!) sind dort besonders interessant für dich?"*
Zirkuläre Sichtweise erfragen	*„Wenn die Lehrerin in diesem Fach jetzt hier wäre, was würde sie wohl sagen, wie du im Unterricht bist? Was siehst sie bei dir?"*

Ziel	Beispiel
Bei pauschaler Negativbewertung Rangfolge erbitten	*„Oh, alle Fächer sind im Moment furchtbar? Komm, wir schreiben für jedes Fach eine Karte. Dann ordne doch bitte diese Karten nach deinen Vorlieben. Hinten steht das schrecklichste Fach und vorne das am wenigsten schreckliche."*

Der Nutzen von Skalen

Mit Skalen arbeiten – Weg vom Schwarz-Weiß-Denken

In der Jugend erscheint vieles nur schwarz oder nur weiß. Skalen eröffnen die Möglichkeit, um anders ins Gespräch zu kommen.

Skalen erleichtern auch, Fortschritte zu erkennen und zu benennen. Fast alles lässt sich in Zahlen bestimmen und macht es den Kindern viel leichter, als detailliert über Fortschritte oder Gefühle zu sprechen.

Hilfreiche Gesprächsbausteine:

Ziel	Beispiel
Klagen einordnen und relativieren	*„Wenn 10 für einen echt guten Tag an der Schule steht und 0 für das krasse Gegenteil, wo würdest du den Tag heute / gestern einordnen?"* *„Wenn –10 für den schlimmsten Tag steht, den du je an der Schule hattest und 0 für einen normalen Tag, wo willst du heute einordnen?"* *„Und wo gestern?"* *„Was war da anders?"*

Ziel	Beispiel
Zirkuläre Sichtweise erfragen	*„Wenn Frau ... jetzt hier wäre, wo zwischen 10 und 0 würde sie wohl den Tag einordnen?"* *„Dann seht ihr das ja ähnlich!"* Oder: *„Was sieht sie denn, was du vielleicht so nicht siehst?"* Oder: *„Was sieht sie denn nicht, was du aber siehst?"*
Zuversicht erfragen	*„Wenn 10 dafür steht: ich bin ganz zuversichtlich, dass alles besser wird und 0 für das krasse Gegenteil – null Zuversicht – wie zuversichtlich zwischen 0 und 10 bist du?"*

Skalen für Ziele nutzen – das Ziel in Zahlen definieren

Mit Hilfe von Skalen in Verbindung mit der Wunderfrage oder dem idealen Tag können wir Fortschritt messen und Ziele festlegen. Hier ein paar Beispiele:

Ziel	Beispiel
Mit Hilfe von Skalen ein Zwischenziel festlegen	*„Wenn 10 für das Wunder steht und 0 für das krasse Gegenteil, die schlimmste / hoffnungsloseste Zeit, die du je hattest, wie hoch muss dann dein Wert zum Ende des Schuljahres sein, damit du die Hoffnung nicht verlierst?"*
Mit Hilfe von Zahlen ein Grobziel festlegen	*„Während der Schulzeit gibt es immer wieder Sachen, die nicht so glatt laufen. Wenn 10 für einen Super-Tag steht und 0 für das krasse Gegenteil, die schlimmste / hoffnungsloseste Zeit, die du je hattest, mit welchem Wert wirst du dann zufrieden sein?"*

Ziel	Beispiel
Ein Bergfest / eine Belohnung planen	*„Bei welchem Wert wirst du eine Zwischenstation machen? Eine kleine Feier oder eine Belohnung, eine tolle Aktivität? Wie hoch muss dein Wert sein, damit du dir sagst: Jetzt habe ich eine Zwischenstation auf meinem Weg erreicht!"*

Skalen in Entscheidungssituationen: Es gibt immer mehr als zwei Möglichkeiten

Ein Beratungsauftrag **„Helfen Sie mir, mich zwischen zwei Möglichkeiten zu entscheiden."** stellt häufig eine Sackgasse dar. In der Regel haben Menschen mehr als zwei Alternativen. Eine dritte Möglichkeit ist zum Beispiel immer, jetzt noch nicht zu entscheiden. Hört die Beraterin schon das zweite **„Ja, aber ..."** – in der Beratung, zeigt die KlientIn, dass hier eher eine Lösung zweiter Ordnung, weg von der Schein-Alternative, angebracht sind. Die klassische Wunderfrage bringt in solchen Fällen wenig, während der folgende Gesprächsbaustein mit Skalierungen in mehrfacher Hinsicht hilfreich ist:

- Die KlientIn beschäftigt sich mit einer Vielzahl möglicher Lösungen, die durch die Skalierung in verschiedene Abstufungen gebracht werden.
- Die Nennung sehr unkonventioneller Möglichkeiten bringt Humor und Freiheitsgedanken in die Beratung.
- Die KlientIn wird in dieser Gesprächspassage recht direktiv angeleitet, ausschließlich zu skalieren. Dies unterbricht „Ja, aber ..."-Spiele.
- Die BeraterIn hat Raum, ihre eigenen Ideen und Lösungsvorschläge einzubringen. In diesem speziellen Baustein erlebt sie, was ihre Ideen auslösen und wie so manche ihrer „guten" Ideen alsbald scheitert.

Die Alternativen, zwischen denen sich die KlientIn nicht entscheiden kann, bilden oft ein unhinterfragtes Gesamtpaket:

A: Ich gehe in der 11 für 4 Monate nach England, zahle viel Geld dafür und finde nachher keinen Anschluss an die Klasse.

Oder:

B: Ich bleibe hier und mein Englisch bleibt ganz schlecht.

Zur Aufweichung der Alternativen-Logik empfiehlt es sich, Versatzstücke von Alternative A mit Versatzstücken von Alternative B wild zu kombinieren, wodurch teils realistische, teils groteske, aber insgesamt befreiende Möglichkeiten erscheinen.

Z.B. könnten wir unserem fiktiven Zehntklässler folgende Möglichkeiten anbieten:

Höre dir jetzt die folgenden Möglichkeiten an. Kommentiere sie nicht, sondern ordne sie auf einer Skala zwischen

Ganz furchtbar,
mache ich auf keinen Fall

Sehr gute Idee
das mache ich sofort

Die Beraterin mixt dabei wild Versatzstücke und neue groteske Ideen, um die Fülle der Wahlmöglichkeiten aufzuzeigen:

Beispiele wären:

1. Möglichkeit:
   „Du gehst für ein Jahr nach England, verdienst dort dein Taschengeld durch Deutschunterricht und wiederholst anschließend die Klasse 11."

2. Möglichkeit:
   „Du suchst dir eine englische Schülerin, die dir hier Nachhilfe gibt und bleibst hier."

3. Möglichkeit:
„Du löst jeden Abend 40 englische Schlaukopf-Aufgaben am Computer."

4. Möglichkeit:
„Du reist den ganzen Sommer durch Skandinavien und sprichst dort nur Englisch."

usw.

Erste und nächste Schritte – kleine Veränderungen morgen

Oft sind schon klare Vorstellungen bei den Schülern vorhanden, welche kleinen Dinge aus „morgen" einen besseren Tag machen würden. Diese erfragt, bringt oft erstaunliche Ergebnisse:

Ziel	Beispiel
Kleine Verbesserungen erfragen Zuversicht aufbauen	*„Wie müsste der Tag morgen aussehen, damit du dir sagen kannst: Da bin ich schon einen kleinen Schritt weiter?"* *„Und woran würdest du noch merken, dass du einen ganz kleinen Schritt, sagen wir, einen halben Skalenpunkt, weiter bist?"* *„Wie kannst du dann anders sein?"* *„Wie kann deine Lehrerin dann anders sein?"*
Zirkuläre Sichtweise erfragen	*„Wenn Frau ... jetzt hier wäre, was würde sie wohl sagen, was morgen passieren muss, damit sie die Sache auch einen halben Punkt weiter sieht?"* *„Und was müsste sie noch sehen – bitte nur ganz kleine Sachen!"*
Zirkuläre geichaltrige Sichtweise erfragen	*„Was würde deine Freundin ... sagen, was morgen passieren muss, damit du einen Punkt höher auf der Skala bist?"* *„Und was meinst du dazu?"*

Nicht immer höher – schneller – weiter: Blitzlicht mit Skalen für SchülerInnen

Das Ziel einer guten Beratung kann nicht die Erreichung des Idealzustands sein. Leben ist ein Auf und Ab, und das Motto darf keineswegs lauten: Täglich höher, weiter und besser. Eher ist es günstig, einen Punkt „gut genug" zu bestimmen.

Und: Manche große Veränderung ist leicht, manche kleine Veränderung ist schwierig. Wenn Sie sich je vorgenommen haben, nur noch das Treppenhaus statt Aufzug zu nehmen oder stets am Telefon freundlich zur Schwiegermutter zu sein, wissen Sie, wie schwer Veränderungen auch disziplinierten Erwachsenen fallen. Kinder und Jugendliche sollen verstehen, dass Ziele zwar idealerweise simpel und einfach formuliert sind, aber auf keinen Fall einfach zu verfolgen sind.
Auch Rückschläge sind nicht zu vermeiden. Rückfälle sind Lernfälle: Wie weit darf die Skala auch einmal nach unten gehen, ohne dass ich den Mut verliere?

Das kann so aussehen:

Ziele	Beispiel
Festsetzen der Extremwerte	*„Wenn 0 dafür steht ‚Keinen blassen Schimmer von dem Fach' und 10 steht für den absoluten Streber in diesem Fach, wo stehst du jetzt gerade?"*
Festsetzen des individuellen „Gut genug"-Punktes	*„Und was wäre bis zum Abitur? Wie viel von 10 wäre da für dich gut genug?"*
Festsetzen des zirkulären „Gut genug"-Punktes	*„Was wäre für deine Mutter gut genug?"* *„Für deinen Vater?"* *„Für deinen Lehrer?"*
Festsetzen eines kleinen Zeitziels	*„Und wie viel davon müsste bis zum Sommer geschehen, wie viele Punkte?"*

Ziele	Beispiel
	„Und woran wirst du erkennen, dass du auf diesem Sommer-Punkt angekommen bist?“
Selbstevaluation anregen	*„Woran wirst du selbst erkennen, dass du einen Punkt höher gekommen bist?“*
Zirkuläre Evaluation vorstellen	*„Was müsste deine Mutter /dein Vater / dein Lehrer sehen, damit sie denken, dass es in die richtige Richtung geht? Es einen Punkt höher geht?“*
Auf Rückschläge vorbereiten und diese normalisieren	*„Leben ist ein Auf und Ab. Wie weit darf denn die Skala einmal nach unten gehen, ohne dass du den Mut verlierst?“* *„Wie wirst du neu starten, wenn du das Ziel einmal aus den Augen verloren hast?“*

Anerkennung formulieren

Anerkennung formulieren – dreifaches Lob

Ehrliche Anerkennung zu äußern ist gerade bei Schülerinnen und Schülern extrem wichtig. Selbst alte Menschen erinnern noch manchen Tadel und manches Lob ihrer Lehrer und Lehrerinnen.

Anlass zur Anerkennung bietet Schule genug: Schule ist Schwerarbeit und zwar zu weiten Teilen fremdbestimmte Schwerarbeit. Dass die jungen Menschen uns ihre Zeit und Energie, ihr Interesse und ihren Einsatz schenken, ist alles andere als selbstverständlich.

Aber nicht jedes Lob und jede Anerkennung ist günstig. Gute Aussichten hat Anerkennung mit folgenden Merkmalen:

- echt
- aufrichtig
- detektivisch
- knapp, nicht überschwänglich
- gerne für widerspenstige Schüler
- nicht für Ehrlichkeit und Offenheit

Echt: Nur ehrliche Anerkennung kommt auch an. Ressourcenorientiertes Denken schult darin, solche ehrliche Anerkennung zu finden.

Aufrichtig: Anerkennung kommt nur an, wenn sie nicht für winzige Selbstverständlichkeiten gezollt wird. „Ihr habt eure Hefte alle aufgeschlagen – das finde ich super!" kommt kaum als aufrichtiges Lob an. Was dem Schüler leicht fällt, braucht nicht anerkannt zu werden, aber viele Dinge, die wir selbstverständlich und leicht finden, fallen den Schülern schwer. Da ist Anerkennung angebracht. Es gilt zu unterscheiden: Nicht: Was erscheint MIR leicht? Sondern: Was ist für den Schüler leicht?

Detektivisch: Selbst da, wo keine sichtbare Verbesserung stattgefunden hat, ist vielleicht eine Sache nicht schlechter (oder noch schlechter) geworden, ist die Hoffnung noch nicht vergangen. Ein Schüler war in der ersten Hälfte der Stunde aufmerksam und hat in der zweiten Hälfte gestört? Hier kann Anerkennung und Kritik verbunden werden.

Knapp und nicht überschwänglich: Überschwängliche Formulierungen mit Einleitungen wie „Ich finde es super, wie du ..." oder „Ich bin sehr beeindruckt davon, wie du ..." kommen nicht bei jeder Schülerin an und sind deshalb weniger geeignet. Immer dagegen passen knappe Bemerkungen und kurze Feststellungen: *„Das klappt immer besser." „Du bist schon fertig!" „Gefällt mir!", „Weiter so!".* Manchmal kann allein ein anerkennendes Kopfnicken in einem Schüleralltag die Sonne aufgehen lassen.

Gerne für widerspenstige Schüler: Auch die Schüler, die sehr in Opposition zu uns gehen, wollen sich zwar im Widerstand erproben, aber dennoch unsere Anerkennung gewinnen. Um einen Grund für echte Anerkennung zu finden, müssen sie jedoch genau beobachtet werden, zum Beispiel, wenn sie nicht stören und interessiert sind. Gerade bei aufsässigen Schülern ist echte Anerkennung der Schlüssel zu ihrem Herzen.

Überraschend: keine ausdrückliche Anerkennung für Ehrlichkeit, Reue und Offenheit: Eine Sache ehrlich zuzugeben, offen zu berichten, eine Schuld einzugestehen, Reue und Entschuldigungen zu formulieren – das ist oft schwer und eine große Leistung der Kinder und Jugendlichen. Dennoch empfinden gerade Jugendliche eine verbale Anerkennung in dieser emotional aufgeladenen Situation als peinlich. Aufrichtige Dinge wie „Prima, dass du das erzählt hast!" oder „Mutig, uns das hier zu berichten!", „Gut, dass du dich wenigstens entschuldigt hast." kommen nicht an. Auch bei Erwachsenen wirkt diese Sperre noch. Äußerungen wie „Wie mutig, uns das hier in dieser Runde zu berichten. Danke für deine Offenheit!" produzieren bei vielen Erwachsenen Schamgefühle. Wir haben in kollegialen Kreisen viel darüber diskutiert, was der Grund sein könnte. Eine mögliche Erklärung: Vielleicht verwandelt solche Anerkennung einen freiwilligen Akt in einen Akt des Gehorsams? Wie können wir denn die Hochachtung, die wir empfinden, äußern, ohne die Kinder und Jugendlichen zu verletzen? Mein Vorschlag: Ein kurzes Kopfnicken, ein verhaltenes Lächeln wirken besser.

Dreifache Anerkennung nach Ben Furman

Der bekannte finnische Kinder- und Schultherapeut Ben Furman hat uns das „Triple-Lob" geschenkt. Hier wird in einem Dreier-Schritt verbunden:

1. Anerkennung
2. Das ist nicht leicht – das können nicht Viele!!
3. Wie hast du/habt ihr das geschafft! Wie machst du / macht ihr das?

Ziel	Beispiel
Triple Anerkennung für eine Einzelarbeit	1. *„Ich sehe, du bleibst ganz beharrlich an deiner Aufgabe, auch wenn hier viel Lärm ist."* 2. *„Das ist nicht leicht – das schaffen nicht viele Kinder."* 3. *„Wie schaffst du das?"*

Tipps und Ratschläge

BeraterInnen können mit passenden Tipps und Ratschlägen durchaus Gutes bewirken. Hier sind ein paar hilfreiche Leitlinien:

1. Tipps und Ratschläge sollen vorsichtig und hypothetisch formuliert werden. Aus der klassischen Lösungsfokussierung stammt die bewährte Formulierung: *„Ich habe ein kleines Experiment für dich, das vielleicht nützlich sein kann: ...* (Dann folgt der Tipp oder Ratschlag) *... und beobachte, was dann geschieht."*
2. Tipps und Ratschläge sollen **nicht** unsere eigenen Lösungsstrategien spiegeln, sondern an das anknüpfen, was die Beratene schon heute erfolgreich einsetzt oder in der Vergangenheit schon durchgeführt hat.
3. Die Experimente sollen möglichst klein und leicht sein, einen Anfang machen, eine Entwicklung anstoßen. Statt des Experiments *„Ziehe jeden Tag nach der Schule deine Laufsachen an und laufe 30 Minuten."* wirkt besser der Anstoß: *„Suche dir zwei Tage in der kommenden Woche aus, wo du nach der Schule deine Laufsachen anziehst. Und beobachte, was dann geschieht."*
4. Die Beraterin sollte der Durchführung der Ratschläge gegenüber völlig leidenschaftslos sein. Es kann sein, dass Tipps und Ratschläge zwar richtig angekommen sind, von der KlientIn der Beratung aber erst Wochen, Monate, gar Jahre später umgesetzt werden. Einen der besten Beratungs-Ratschläge, die ich selbst je bekommen habe, habe ich erst 15 Jahre später umgesetzt. Gerade Jugendliche sind umgeben von einem Ratschlags-Gewitter, das alle nur überstehen, weil die meisten Ratschläge wirkungslos verhallen.
5. Eine sensible Beratung „hakt nicht nach". Eine gelassene Beratung geht davon aus, dass die Beratenen uns schon davon berichten werden, wenn sie wichtige Anregungen aufgenommen haben.
6. Oft besteht der wirkungsvollste Ratschlag in einem *„Weiter so!"*, also darin, erfolgreiche erste Schritte und gelungene Strategien aufzunehmen und mit einem *„Du bist auf einem guten Weg."*, *„Wie wäre es, wenn du das öfter machst?"* anzuerkennen.

Haben Sie eine längere Beratungssitzung durchgeführt, ist auch eine klassische lösungsfokussierte **Rückmeldung in 3 Schritten** eine gute Möglichkeit. Die Schritte sind:

1. Überlegen Sie zwei Dinge, die Sie ehrlich anerkennen können.

2. Fassen Sie noch einmal das Anliegen der Klientin positiv zusammen: Was wünscht sie sich? Wovon möchte sie **mehr**?

3. Formulieren Sie ggf. eine Aufgabe, die eingeleitet werden sollte mit: *„Wir haben ein kleines Experiment für dich, das vielleicht nützlich sein könnte ...“*
   und beendet werden sollte mit *„und beobachte, was passiert.“*.
   Die Aufgabe soll
   - möglichst klein und leicht durchführbar sein
   - bereits vorhandenes geglücktes Repertoire aufnehmen
   - (wenn Sie systemisch ausgebildet sind: Sand in das Getriebe von Teufelskreisen streuen)
   - nur gelegentlich erfüllt werden.

   Oft reichen auch Bestärkungen (*„Weiter so!“*).

Ziel	**Beispiel**
Ehrliche Anerkennung formulieren	*„Jana, du warst in der Grundschule immer sehr gut in Englisch, hast englische Lieder auswendig gelernt und dir so neue englische Texte erschlossen.“*
Das Anliegen zusammenfassen	*„Jetzt suchst du nach einem Weg, wie du deine englische Rechtschreibung verbessern und damit auch auf unserer Schule eine gute Note in Englisch bekommen kannst.“*
Ein Experiment vorschlagen	*„Ich habe ein kleines Experiment für dich. Nimm ein Lied mit englischem Text, das vielleicht ein Lieblingslied werden könnte und schreibe auf einem schönen Papier die ersten 10 Zeilen ab. Und beobachte, was dann passiert.“*

Zweite und folgende Beratungen

Leben ist in einer ständigen Veränderung. Immer gibt es Dinge, die gleich bleiben, Dinge, die schlechter werden und Dinge, die besser werden.

Eine lösungsfokussierte Zweitberatung setzt an den Dingen an, die sich verbessert haben, weil hier wertvolle Erfahrungen mit erfolgreichen Lösungswegen vertieft werden können.

Ausgehend von diesen Verbesserungen wird mehr von dem erforscht, was klappt und dies mit passenden Fragen erweitert.

Hier ein Beispiel:

Zweite Beratung zu Lernschwierigkeiten in einem Hauptfach

1. *„Wie du ja schon vom letzten Mal weißt: Alles, was wir hier besprechen, bleibt in diesem Raum und wird vertraulich behandelt. Du hast dir beim letzten Mal eine Verbesserung in (Deutsch / Mathe / Englisch) gewünscht."*

2. *„Leben ist in einem ständigen Wandel. Immer gibt es Dinge, die schlechter werden und andere, die besser werden. Mich interessiert als Erstes: Was ist seit unserem letzten Treffen besser geworden?"* (Zeit lassen!)

3. *„Und was noch?"* *„Und was noch?"*

4. *„Was hat sich durch diese Entwicklung in deinem Fach verändert und verbessert?"*

5. *„Wie hat dir diese Entwicklung Hoffnung für das Schuljahr gegeben?"*

6. *„Betrachte jetzt die folgende Skala. 10 steht für Zufriedenheit im Bereich ‚Deutsch / Mathe / Englisch', 0 steht für das krasse Gegenteil, die schlimmste Zeit, die du damit je hattest."*

0 1 2 3 4 5 6 7 8 9 10

schlimmste Zeit **Zufriedenheit**

7. *„Wo zwischen 0 und 10 stehst du* ***jetzt****, in diesem Moment?“*

8. *„Welche Person (außer dir selbst) hat dazu beigetragen, dass du dich heute bei ... einordnest und nicht bei 0?“*

9. *„Welche glücklichen Umstände haben dazu beigetragen, dass du dich heute bei ... einordnest und nicht bei 0?“*

10. *„Welche eigenen Aktivitäten haben dazu beigetragen, dass du dich heute bei ... einordnest und nicht bei 0?“*

11. *„Wer kennt dich gut?“* (Antwort abwarten!) *„Was würde diese Person dir raten, damit es Richtung Zufriedenheit geht?“*

12. *„Und was meinst du dazu?“*

13. *„Stell dir vor, du bist dereinst eine weise alte Frau, die liebevoll auf ihr Leben zurückschaut. Welchen guten Rat würdest du dir aus dieser Perspektive für heute geben?“*

14. *„Was meinst du: Möchtest du von mir noch eine Anregung oder ein Experiment oder kommst du gut weiter so zurecht?“*

Die Beraterin bedankt sich, machen eine kurze Pause und gibt eine Rückmeldung in 4 Schritten:

15. Die Beraterin äußert, was sie echt und ernstgemeint anerkennen möchte.

16. Sie fasst noch einmal zusammen: *„Davon wünschst du dir mehr.“*

17. Sie benennt einen Bereich, in dem bereits eine gute Entwicklung stattgefunden hat.

18. Nur dann, wenn die Schülerin es gewünscht hat, nennt die BeraterIn ein *„Experiment, das vielleicht nützlich sein kann – eine Idee, die du einmal ausprobieren kannst.“* Diese Idee wird nur mitgeteilt, nicht diskutiert. Das Experiment soll möglichst klein und leicht und selten sein, ein erster Schritt, ein Anfang von etwas.

19. Die Beraterin bedankt sich für das Gespräch.

Zusammenarbeit beenden

Erfolge in irgendeiner Form richtig zu feiern, wenn ein Ziel erreicht ist und alles besser geht, ist eine wichtige Stufe im „Ich schaff's"-Programm des bekannten finnischen Therapeuten Ben Furman. In den Schulalltag passen solche Abschlusstreffen zu einem Thema oft schlecht.

Das hat verschiedene Gründe:

- Manchmal verschwindet ein Problem „einfach so". Die Schüler vergessen es oder wollen nicht mehr daran erinnert werden.
- Beratungszeit ist kostbar an der Schule. Es widerstrebt, diese Zeit an „gelöste" Anliegen zu vergeben.
- Idealerweise findet sich aber die Zeit für ein kurzes Gespräch, das noch einmal kurz thematisiert, was besser geworden ist und für die Zusammenarbeit dankt.

Lernprozesse unterstützen

Auf den folgenden Seiten finden Sie hilfreiche Bausteine, die in der Beratung als Unterstützung beim schulischen Lernen eingesetzt werden können.

Das gute Schulfach: Begabung – Interesse – Fleiß

Fast alle Schüler haben ein Lieblingsfach in der Schule oder zumindest eines, das für sie „O.K." ist. Hier finden die SchülerInnen auch die LehrerInnen gut, den Stoff und das Fach an sich interessant. In der Beratung ist interessant, welchen Anteil am Gelingen die Schülerin selbst hat. Im Sinne eines guten Transfers macht es Sinn, den Zugang der Schülerin zu diesem Fach differenziert zu betrachten. Dies kann gut geschehen anhand eines Kreisdiagramms, das unterscheidet nach

- Begabung: das ist mir in die Wiege gelegt, das können alle in meiner Familie gut, das konnte ich schon als Kind
- Interesse: In diesem Fach sind viele Themen, die für mich total interessant sind, die ich für meinen späteren Berufswunsch gut gebrauchen kann
- Fleiß: Ich schaffe es viel für dieses Fach zu lernen, Wissensinhalte zu wiederholen, knifflige Aufgaben öfter zu lösen

In einem Kreisdiagramm (meine 100%, die ich für dieses Fach mitbringe) können dann die verschiedenen Anteile aufgezeichnet werden.

Für das Lieblingsfach wird ein riesiger Kreis gemalt (wenn möglich, in [Wasser-]Farbe und idealerweise größer als DIN A4). Der Entwurf soll mit Bleistift und bereitliegendem Radiergummi so gezeichnet werden, dass die einzelnen Prozentzahlen verschoben werden können.

Ziel	**Beispiel**
Das Konzept der 3 Komponenten, die ein Lieblingsfach charakterisieren, erläutern	*„Ich würde mir gerne heute ansehen, was du dazu beiträgst und du mitbringst, das ... zu deinem Lieblingsfach macht."*
Begabung erläutern	*„Begabung kann bedeuten: Das ist mir in die Wiege gelegt, das können alle in meiner Familie gut, das konnte ich vielleicht schon als Kind gut."*
Interesse erläutern	*„Interesse kann bedeuten: In diesem Fach sind viele Themen, die für mich total interessant sind oder die ich für meinen späteren Berufswunsch gut gebrauchen kann."*
Fleiß erläutern	*„Fleiß kann bedeuten: Ich schaffe es, viel für dieses Fach zu lernen, Wissensinhalte zu wiederholen, knifflige Aufgaben öfter zu lösen."*

Ziel	Beispiel
Diagramm-Aufgabe erläutern 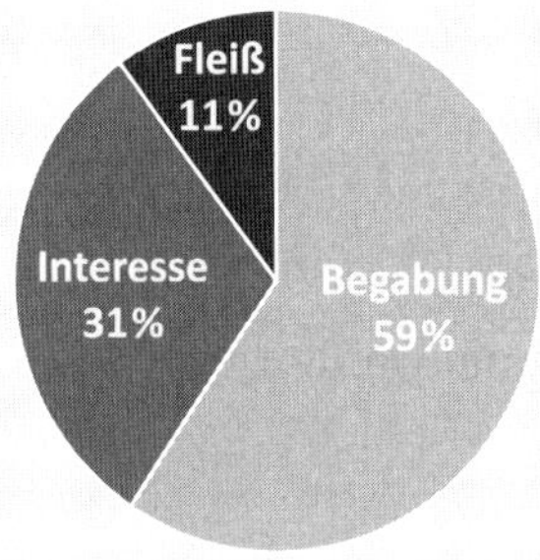	*„Ich male jetzt hier einen riesigen Kreis auf das Papier. Daneben findest du Bleistift und Radiergummi. Der Kreis steht für die 100 %, die du für dieses Fach mitbringst.* *Ich bitte dich zunächst, mit dem Bleistift eine Einteilung zu versuchen: Wie hoch ist der Anteil* › *Begabung* › *Interesse* › *Fleiß,* *den du für dieses Fach mitbringst.* *Du kannst ruhig ein wenig experimentieren und radieren. Wenn deine Einteilung fertig ist, dann male bitte die drei Kreis-Segmente einzeln farbig aus."*
Besprechung der Ressource Begabung	*„Du hast hier Begabung mit etwa ... % eingezeichnet."* Bei **hohen** Prozentanteilen im Kreis: *„Seit wann hast du diese Begabung an dir bemerkt? Vielleicht schon immer, schon als kleines Kind?"* *„Wer in eurer Familie hat das noch bemerkt?"* *„Wie hat deine Familie diese Begabung unterstützt?"* *„Wer in eurer Familie hat noch diese Begabung?"* Je nach Antwort: *„Also eine Familienbegabung? Wie nutzen das die anderen aus deiner Familie?"* *„Oh, du bist die einzige? Wie und wann hast du diese Begabung zum ersten Mal bemerkt? Wer hat dich in dieser Sache außerhalb der Familie ermutigt und unterstützt?"*

Ziel	Beispiel
	Bei **niedrigen** Prozentanteilen im Kreis: *„Du hältst dich in ... für weniger begabt. Was sagt dir, dass du deine Begabung für dieses Fach bei ... % und nicht bei 0 Prozent ansiedeln kannst?“* *„Was unterscheidet dich von jemandem, der seine Begabung für ... absolut bei 0 einschätzt?“* *„Und was bringt dich noch auf die ...%?“* *„Wer aus deiner Familie, aus deinem Freundeskreis oder hier aus der Schule würde deine Begabung wohl höher einschätzen als du selbst?“* *„Was hast du dazu schon einmal gehört?“* *„Und was sieht ... wohl, was du selbst im Moment nicht so sehen kannst?“*
Besprechung der Ressource Interesse	*„Du hast hier Interesse mit etwa ... % eingezeichnet.“* Bei **hohen** Prozentanteilen im Kreis: *„Seit wann hast du dieses Interesse an dir bemerkt? Vielleicht schon immer, schon als kleines Kind?“* *„Wer in eurer Familie hat das noch bemerkt?“* *„Wie hat deine Familie dieses Interesse unterstützt?“* *„Wer in eurer Familie hat noch dieses Interesse?“* Je nach Antwort: *„Also ein Familieninteresse? Wie nutzen das die anderen aus deiner Familie?“* *„Oh, du bist der einzige? Wie und wann hast du dieses Interesse dann ausleben können?“* *„Wie hast du Material und Informationen gefunden?“* *„Wer hat dich in dieser Sache außerhalb der Familie ermutigt und unterstützt?“*

Ziel	Beispiel
	„Wo hast du Gleichgesinnte gefunden?" Bei **niedrigen** Prozentanteilen im Kreis: *„Du hast dein Interesse an diesem Fach nicht so sehr hoch eingestuft. Was sagt dir, dass du dein Interesse für dieses Fach aber bei ...% und nicht bei 0 Prozent ansiedeln kannst?"* *„Was unterscheidet dich von einer, die ihr Interesse für ... absolut bei 0 einschätzt?"* *„Wann war dein Interesse an diesen Themen schon einmal höher als heute?"* *„Erzähl mir davon."* *„Was war da anders?"* *„Wer aus deiner Familie, aus deinem Freundeskreis oder hier aus der Schule würde dein Interesse wohl höher einschätzen als du selbst?"* *„Was hast du dazu schon einmal gehört?"* *„Und was sieht ... wohl, was du selbst im Moment nicht so sehen kannst?"*
Besprechung der Ressource Fleiß	*„Du hast hier Fleiß mit etwa ... % eingezeichnet."* Bei **hohen** Prozentanteilen im Kreis: *„Seit wann bist du in diesem Fach so fleißig? Vielleicht schon immer, schon als kleines Kind?"* *„Wer in eurer Familie hat das noch bemerkt?"* *„Wie hat deine Familie dieses fleißige Arbeiten unterstützt?"* *„Wer in eurer Familie ist in diesem Bereich noch fleißig?"* Je nach Antwort:

Ziel	Beispiel
	„Also ein Bereich, indem viele in dieser Familie gern fleißig sind. Wie nutzen das die anderen aus deiner Familie?“ *„Oh, du bist die einzige? Wie und wann hast du dich zum ersten Mal fleißig hingesetzt und für dieses Fach gearbeitet?“* *„Wer hat dich in dieser Sache außerhalb der Familie ermutigt und unterstützt?“* Bei **niedrigen** Prozentanteilen im Kreis: *„Du hältst dich in ... für weniger fleißig. Was sagt dir, dass du deinen Fleiß für dieses Fach bei ... % und nicht bei 0 Prozent ansiedeln kannst?“* *„Was unterscheidet dich von jemandem, der seinen Fleiß für ... absolut bei 0 einschätzt?“* *„Und was bringt dich noch auf die ... %?“* *„Wer aus deiner Familie, aus deinem Freundeskreis oder hier aus der Schule würde deinen Fleiß wohl höher einschätzen als du selbst?“* *„Was hast du dazu schon einmal gehört?“* *„Und was sieht ... wohl, was du selbst im Moment nicht so sehen kannst?“*

Das schlechte Schulfach: Begabung – Interesse – Fleiß

Oft klagen Schüler über ein bestimmtes Schulfach, das ihnen wenig liegt, das sie „nicht können“, das „zu schwer“ ist. Häufig wird die Schuld bei der LehrerIn, dem Stoff und dem Fach an sich gesucht. Das alles können Gründe sein, aber der Beratung zugänglich ist der eigene Anteil der Schülerin, so dass es Sinn macht, den Zugang der Schülerin zu diesem Fach differenziert zu betrachten. Dies kann gut anhand eines Säulendiagramms geschehen, das unterscheidet nach:

- Begabung: Das ist mir in die Wiege gelegt, das können alle in meiner Familie gut, das konnte ich schon als Kind

- Interesse: In diesem Fach sind viele Themen, die für mich total interessant sind, die ich für meinen späteren Berufswunsch gut gebrauchen kann

- Fleiß: Ich schaffe es viel für dieses Fach zu lernen, Wissensinhalte zu wiederholen, knifflige Aufgaben öfter zu lösen

Zunächst werden zwei Säulen in einem Diagramm gezeichnet. Das eine zeigt 100% und steht für die Energie, die die Schülerin für ihr Lieblingsfach aufwendet. Daneben wird eine kleinere Säule gezeichnet, die die Gesamt-Energie zeigt, die die Schülerin für das schlechte Fach aufwenden kann. Innerhalb der Säule werden dann die Prozentanteile für

- Begabung / Interesse / Fleiß

unterteilt.

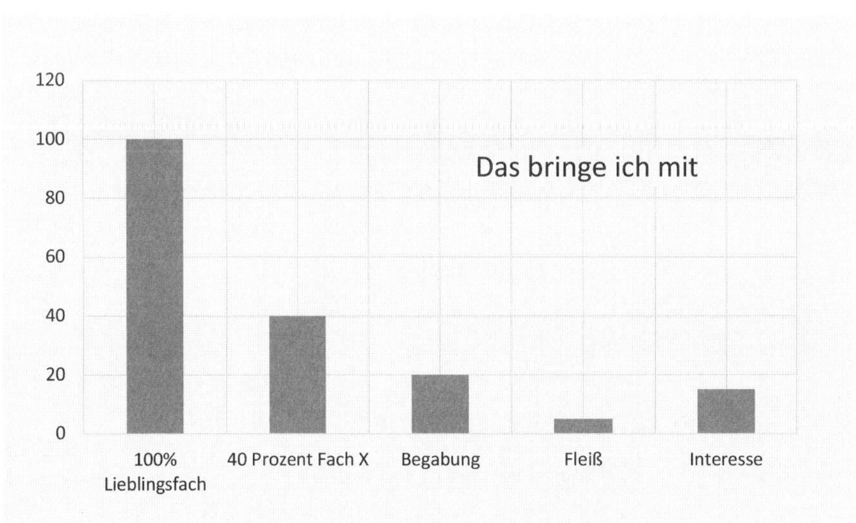

Ziel	Beispiel
Das Konzept der 3 Komponenten, die ein Lieblingsfach charakterisieren, erläutern	*„Ich würde mich gerne heute ansehen, was du bei allen Schwierigkeiten auch für dieses für dich eher ‚schlechte' Fach mitbringen kannst."* *„Erfahrungsgemäß können wir grob einteilen in: Begabung, Interesse und Fleiß."*
Begabung erläutern	*„Begabung kann bedeuten: das ist mir in die Wiege gelegt, das können alle in meiner Familie gut, das konnte ich schon als Kind." „Einige Dinge in diesem Fach sind mir von vorneherein leicht gefallen."*
Interesse erläutern	*„Interesse kann bedeuten: In diesem Fach gibt es Themen, die für mich interessant sind, die ich für meinen späteren Berufswunsch gut gebrauchen kann"*
Fleiß erläutern	*„Fleiß kann bedeuten: Ich schaffe es viel für dieses Fach zu lernen, Wissensinhalte zu wiederholen, knifflige Aufgaben öfter zu lösen."*
Diagramm-Aufgabe erläutern	*„Ich male jetzt hier eine große Säule auf das Papier. Daneben findest du Bleistift und Radiergummi. Die große Säule stehen für die 100 %, die du für dein Lieblingsfach mitbringst. Male du jetzt daneben eine kleinere Säule mit einer kleineren Prozentzahl, nämlich: Wie hoch ist der Anteil, den du heute insgesamt für das Fach X mitbringst? Ah, 40 % Energie. Teile diese 40 % noch einmal in 3 kleine Säulen für* › *Begabung* › *Interesse* › *Fleiß,* *die du für dieses Fach mitbringst, so dass die 3 kleinen Säulen zusammen die 40 % ergeben.* *Du kannst ruhig ein wenig experimentieren und radieren. Wenn deine Einteilung fertig ist, sage Bescheid.*

Ziel	Beispiel
Besprechung der Ressource Begabung	*„Du hast hier Begabung mit etwa 20 % eingezeichnet."* Bei **hohen** Prozentanteilen für Begabung: *„Ah, da ist doch einiges an Begabung für diesen Bereich! Seit wann hast du diese Begabung an dir bemerkt? Vielleicht schon immer, schon als kleines Kind?"* *„Wer in eurer Familie hat das noch bemerkt?"* *„Wie hat deine Familie diese Begabung unterstützt?"* *„Wer in eurer Familie hat noch diese Begabung?"* Je nach Antwort: *„Also eine Familienbegabung? Wie nutzen das die anderen aus deiner Familie?"* *„Oh, du bist die einzige? Wie und wann hast du diese Begabung zum ersten Mal bemerkt? Wer hat dich in dieser Sache außerhalb der Familie ermutigt und unterstützt?"* Bei **niedrigen** Prozentanteilen für Begabung: *„Wer in eurer Familie hat in diesem Bereich eine höhere Begabung als du?"* *„Magst du einmal erzählen?"* *„Du hältst dich in ... für weniger begabt. Was sagt dir, dass du deine Begabung für dieses Fach bei ...% und nicht bei 0 Prozent ansiedeln kannst?"* *„Was unterscheidet dich von jemandem, der seine Begabung für ... absolut bei 0 einschätzt?"* *„Und was bringt dich noch auf die ...%?"* *„Wer aus deiner Familie, aus deinem Freundeskreis oder hier aus der Schule würde deine Begabung wohl höher einschätzen als du selbst?"* *„Was hast du dazu schon einmal gehört?"* *„Und was sieht ... wohl, was du selbst im Moment nicht so sehen kannst?"*

Ziel	Beispiel
Besprechung der Ressource Interesse	*„Du hast hier Interesse mit etwa 15 % eingezeichnet."* Bei **hohen** Prozentanteilen für Interesse: *„Ach, dein Interesse an dem Fach ist eigentlich recht hoch? Erzähl einmal: Seit wann hast du dieses Interesse an dir bemerkt? Vielleicht schon immer, schon als kleines Kind?"* *„Welche Bereiche in diesem Fach sind in der Schule interessant und welche außerhalb?"* Bei **niedrigen** Prozentanteilen für Interesse: *„Du hast dein Interesse an diesem Fach nicht so sehr hoch eingestuft. Was sagt dir, dass du dein Interesse für dieses Fach aber bei ... % und nicht bei 0 Prozent ansiedeln kannst?"* *„Was unterscheidet dich von einer, die ihr Interesse für ... absolut bei 0 einschätzt?"* *„Wann war dein Interesse an diesen Themen schon einmal höher als heute?"* *„Erzähl mir davon."* *„Was war da anders?"* *„Wo außerhalb der Schule hast du schon einmal mehr Interesse für diese Art Fach empfunden? Erzähl einmal!"* *„Wenn du an deine späteren Berufspläne denkst: Wo wirst du vielleicht Teile dieses heute nicht so interessanten Fachs einsetzen können?"* *„Was muss geschehen, damit du mehr Interesse für das Fach entwickelst?"*
Besprechung der Ressource Fleiß	*„Du hast hier Fleiß mit etwa 5 % eingezeichnet."* Bei **hohen** Prozentanteilen für Fleiß: *„Oh, ich sehe, du tust recht viel für dieses Fach, obwohl es dir nicht so liegt oder gefällt. Seit wann bist du in*

Ziel	Beispiel
	diesem Fach so fleißig? Vielleicht schon immer, schon als kleines Kind?" *„Wer in eurer Familie hat das noch bemerkt?"* *„Wie hat deine Familie dieses fleißige Arbeiten unterstützt?"* *„Wer in eurer Familie ist in diesem Bereich noch fleißig?""* Bei **niedrigen** Prozentanteilen für Fleiß: *„Du hältst dich in ... für weniger fleißig. Was sagt dir, dass du deinen Fleiß für dieses Fach bei ...% und nicht bei 0 Prozent ansiedeln kannst?"* *„Was unterscheidet dich von jemandem, der seinen Fleiß für ... absolut bei 0 einschätzt?"* *„Und was bringt dich noch auf die ...%?"* *„Was muss passieren, damit du fleißiger für dieses Fach arbeitest?"*
Vorschläge der Schülerin für eine Steigerung erfragen	*„Wenn du dich im Fach X verbessern willst, bei welchen dieser drei Säulen könntest du dich steigern und wie?"*
Von Erfahrungen anderer Schüler berichten und zu eigenen Ideen anregen	*„Manche unserer Schüler haben ihr Interesse an einem Fach durch kurze Wissenschafts-Videos gesteigert. Andere haben einmal die Woche mit einem älteren Schüler gelernt. Wieder andere haben ihren Fleiß durch tägliches Online-Training mit Frage-Antwort gesteigert, wieder andere durch jeden Tag 15 Minuten im Lehrbuch. Was für Ideen hast du für dich? Was könntest du ausprobieren?"*

Was müsstest du tun, um schlechtere Noten zu bekommen?

Wir können uns Ressourcen und richtigen Schritten in Richtung Spaß und Erfolg von der anderen Seite her annähern, indem wir erforschen, was auch bei schlechten Leistungen an Beitrag passiert. Bei Schülern, die eher das Negative betonen wollen, kann dies manchmal die Lust am Gespräch wecken. Probieren Sie es aus!

Ziel	**Beispiel**
Den heutigen Stand im „schlechten" Fach feststellen.	*„Du sagst, in ... bist du besonders schlecht. Wie sind da deine Noten im Moment?"* *„Und was meinst du, wo sie sein könnten? Was schätzt du?"*
Aktivitäten, Interesse, Begabung erfragen	*„Ich habe eine etwas merkwürdige Frage: Wenn du das Ziel hättest, eine 6 im Zeugnis zu bekommen, wovon müsstest du dann weniger machen? Was von dem, was du tust, müsstest du dann lassen?"*
Beharrliches Nachfragen weiterer Ressourcen	*„Und wovon müsstest du noch weniger machen?"* *„Was müsstest du für eine 6 noch lassen?"*
Zirkuläre Sichtweise dazu erfragen	*„Und wenn dein Lehrer jetzt hier wäre, was würde der wohl sagen, was du für eine 6 wohl weniger machen müsstest?"* *„Was wäre noch nötig, damit dein Lehrer dir auch wirklich eine 6 auf dem Zeugnis gibt?"*

Schlechtes Schulfach bei meinem besten Lehrer

Jeder Schüler hat mindestens einmal in seiner Schulkarriere, oft auch schon früh in der Grundschule, eine LehrerIn, die ihn begeistert. Da stimmen die Chemie, Herz und Verstand. Spannende Vorstellung: Wie wäre es, das ungeliebte Fach durch den beliebtesten Lehrer vermittelt zu bekommen?

Hier könnten wir eine interessante Vorstellungsübung versuchen:

Ziel	**Beispiel**
Die Erinnerung an den beliebtesten Lehrer so wachrufen, dass er quasi vor dem inneren Auge entsteht	*„Du bist ja schon einige Jahre Schüler, erst in der Grundschule und dann hier. Wer war denn in der gesamten Zeit dein(e) absolute Lieblings-Lehrerin oder -Lehrer?“*
– und durch frische Schilderungen lebendig wird.	*„Erzähl mir doch etwas über sie! Wie hat sie den Unterricht für euch schön oder interessant gemacht?“*
Dann erfolgt – wenn es passt, mit verschmitztem Gesichtsausdruck – der Transfer zum „schlechtesten“ Fach	*„Du hast mir eben berichtet, dass du so schlecht in ... bist. Nun stell dir einmal vor* (Pause), *deine alte Lieblingslehrerin kommt für eine Woche an unsere Schule, um ausgerechnet dieses Fach zu unterrichten. Und sie kommt in DEINE Klasse!!“*
Erfragen des Verhaltens unter unglaublich günstigen Rahmenbedingungen	*„Wie würde sie die Themen vermitteln? Wie würde sie diese Aufgabe angehen? Wie wäre sie wohl in der Klasse?“*
Erfragen des geänderten Verhaltens unter den neuen Bedingungen	*„Und wie wärest du anders? Wie würden sich Interesse und Fleiß für dieses Fach verändern?“* *„Was würdest du in dieser Woche anders machen?“*
Experiment: „Als ob“	*„Ich habe ein kleines Experiment für dich, das vielleicht nützlich, in jedem Fall aber interessant ist: Wenn du das nächste Mal das ungeliebte Fach hast, stell dir vor, deine absolute Lieblingslehrerin unterrichtet das Fach*

Ziel	Beispiel
Experiment: „Als ob"	*heute. Spiele Theater und verhalte dich nur an diesem Tag so, als sei das vorne deine Lieblingslehrerin. Aber verrate niemandem etwas davon und berichte mir beim nächsten Mal darüber."*

Das schlechte Schulfach – Mikro-Skalen

Wie bei den Skalen-Bausteinen ist auch hier die Strategie, die einseitige Dichotomie der Schülerin „gut" versus „schlecht" aufzulösen.

Bei den Mikroskalen wird das „schlechte Fach" absteigend aufgelöst:

Vom schlechten Fach zu

- schwierigen und leichten Themen (z. B. Rechnen versus Geometrie)
- interessanten und uninteressanten Themen
- guten, schlechten und so lala-Stunden
- meiner eigenen guten und schlechten Vorbereitung
- meiner guten und schlechten Verfassung

Mit diesen Kombinationen kann gespielt werden:

Ziel	Beispiel
Auflockern der einseitigen Zuschreibung „ich bin schlecht in ..." durch freie Kombination der Elemente	*„Was sind für dich eher schwierige und was sind eher leichte Themen in diesem Fach?"*
	„Was sind für dich eher interessante und was sind eher uninteressante Themen in diesem Fach?"

Ziel	Beispiel
	„Was sind für dich eher gute und was sind eher schlechte Stunden in diesem Fach?“ *„Wann bist du eher gut vorbereitet und wann bist du eher schlecht vorbereitet in diesem Fach?“* *„Jeder in der Schule ist ja mal gut und mal schlecht drauf. Was ist anders in dem Fach, wenn du gut drauf bist und was ist anders, wenn du schlecht drauf bist?“*
a) Neue Form der Ausnahmenfrage zu diesem Fach	*„Wann zuletzt war in ... (diesem Fach) eine gute Stunde mit einem leichten und interessanten Thema, wo du gut drauf und vielleicht gut vorbereitet warst? Erzähl mir davon.“*
b) Falls diese Frage abgeblockt wird: Provokative Wendung ins Worst Case	*„Also gut. Wann zuletzt war in ... (diesem Fach) eine schlechte Stunde mit einem schwierigen und uninteressanten Thema, wo du nicht gut drauf und auch nicht gut vorbereitet warst? Erzähl mir davon.“*
Fortsetzung zu a)	*„Wann war deine letzte Stunde in diesem Fach?“* *„Dann habe ich folgende Frage: Wenn diese gute Stunde 10 ist und 0 das krasse Gegenteil, die schlimmste Stunde in dem Fach, die du je hattest: Wo war deine letzte Stunde zwischen 0 und 10?“*
Fortsetzung zu b)	*„Wann war deine letzte Stunde in diesem Fach?“* *„Dann habe ich folgende Frage: Wenn diese schlechte Stunde bei minus 10 ist und 0 steht für ‚Ganz O.K.‘ Wo war deine letzte Stunde zwischen 0 und 10?“*

Ziel	Beispiel
Zirkuläre Frage nach der Einschätzung der Lehrerin	*„Was meinst du, was Frau ... sehen müsste, damit sie dich auf dieser Skala einen Punkt höher einordnet?“*
Frage nach einem eigenen Teilziel	*„Und was müsstest du selbst machen, um irgendwie einen Punkt höher zu kommen?“*
Frage nach den eigenen Lösungswegen	*„Und wenn du so etwas planst, wie motivierst du dich dann und wie hältst du das durch?*

Mini-Beratungselemente für Schüler

Für kurze Beratungen, kleine Gespräche zwischen Tür und Angel eignen sich kleine Beratungs-Mini-Einheiten, kleine Frageschleifen, die in Gespräche eingestreut werden können. Sie lockern festgefahrene (Gesprächs-)Situationen auf und bringen neue Perspektiven.

Hier einige Beispiele:

Titel	Beispiel
Der nächste Schritt	1. *Was ist dein nächster Schritt?* 2. *Wer kann dir dabei helfen?* 3. *Woran wirst du erkennen, dass der richtige Zeitpunkt dafür gekommen ist?*
Der gute Rat 1	1. *Wer kennt dich gut?* 2. *Was würde diese Person dir raten?* 3. *Was davon kannst du annehmen?*
Wann zuletzt besser?	1. *Wann zuletzt war es besser?* 2. *Welche Umstände haben dir da geholfen?* 3. *Welche Person hat dir geholfen?*

Titel	Beispiel
Wenn es besser wird ...	1. *Wie wird dein Umfeld / deine Freunde / deine Familie reagieren, wenn es besser wird?* 2. *Wer traut dir am ehesten eine Verbesserung zu?* 3. *Was sieht diese Person bei dir?*
Der gute Rat 2	1. *Wenn du an meiner Stelle wärest, was würdest du dir selbst für einen Rat geben?* 2. *Wie könnte man das noch kleiner oder leichter machen?* 3. *Was davon könntest du befolgen und was nicht?*
Gut gemeistert	1. *Wie hast du ähnliche Situationen schon einmal hinbekommen / zu einem guten Ende gebracht?* 2. *Wer/Was hat damals geholfen?* 3. *Was hättest du dir sparen können?*
Warum was anders machen?	1. *Was hat dich bewegt, etwas zu verändern?* 2. *Und was noch?* 3. *Was davon ist dir am wichtigsten?*

Mobbing

Mobbing ist ein alter Beratungsanlass an Schulen.

Herkömmliche Modelle zum Anti-Mobbing, wie das von Olweus oder Pikas, sind sehr aufwändig und die Evaluationen dazu widersprüchlich. Einen neueren und ganz anderen Ansatz als die bekannten „Anti-Mobbing"-Programme stellt auf der Grundlage lösungsfokussierter Ansätze der „No-Blame-Approach" nach Robinson und Maines oder der von Ben Furman inspirierte „Support-Group-Approach" von Sue Young dar. Beide Ansätze verzichten auf Bestrafung und suchen, die als Täter beschuldigten Kinder aktiv mit in die Lösung einzubinden. Statt mit einzelnen Schülern oder der ganzen Schule sich gründlich mit Mobbing zu befassen, arbeiten beide Ansätze an Zielen wie freundliche, sichere, unterstützende Schule.

Zum Konzept gehört eine Unterstützergruppe, in der nicht das Mobbing Thema ist, sondern wie man die Schule angenehmer für die Kinder machen kann, die sich momentan dort nicht wohl und sicher fühlen.

Im Rahmen von Beratung, wie er in diesem Band vertreten wird, passen der No-Blame und der Support-Group-Ansatz gut zu einem ressourcenorientierten Beratungsmodell. Positiv ist auch, dass Kinder, die Mobbing-Erfahrungen gemacht haben, diese nicht in Beratungssitzungen wiederbeleben müssen. Hier hat uns die neuere Traumatherapie und -forschung gelehrt, vorsichtig vorzugehen und diese Arbeit speziell ausgebildeten Kräften zu überlassen. Dass sich Kinder hingegen sicher und wohl an einer Schule fühlen sollen, ist ein wichtiges Anliegen aller Menschen, die an einer Schule arbeiten.

Die Beraterin kann davon ausgehen, dass sowohl die Schüler als auch Lehrer und alle anderen an der Schule befindlichen Menschen wissen, wie eine freundliche und sichere Schule geschaffen werden kann und nutzt dieses Wissen für ihre Beratung.

Wenn sich Schüler über Mobbing beschweren, sollte zunächst im Gespräch mit dem betroffenen Schüler festgestellt werden, ob es sich um einen einmaligen oder häufiger vorkommenden Vorfall handelt. Kann die Angelegenheit alleine geregelt werden oder wird Hilfe gebraucht?

Besonders Eltern haben oft eine andere Sichtweise als die Schule. Ihnen sind die Nöte ihrer Kinder nahe und sie überlegen oft, die Sache durch Schulwechsel zu regeln. Sue Young empfiehlt, die Eltern schnell zu kontaktieren und zeitnah auch in der Schule zu reagieren, um so eine Sicherheit zu erzeugen, dass etwas geschieht. Werden Kinder gequält und entwickeln sie Angst, muss die Schule natürlich reagieren, indem sie beispielsweise für die Kinder, die sich unsicher und bedroht in der Schule fühlen, eine Begleitung für die Pause und ggf. auch für den Schulweg organisiert.

In einigen Schulen gibt es erfolgreiche Patensystems, in denen ältere Schüler über die Sicherheit von jüngeren wachen.

Für die tägliche Beratungspraxis hat sich das Modell der Unterstützer-Gruppe aus dem no-blame-approach bewährt, auch vertreten im Unterstützergruppen-Modell von Sue Young:

Gespräch mit den Kindern, die geärgert werden

Zunächst erfolgt ein Beratungsgespräch mit dem Kind, das von den anderen geärgert wird. Behutsam wird nach persönlichen Daten, Hobbys und Schulfächern gefragt. Dann wird dem Kind mitgeteilt, dass die Eltern sich Sorgen machen und dass die Schule dazu beitragen will, dass das Kind sich in Zukunft wohl und sicher in der Schule fühlt. Das Kind wird nur nach potenziellen Mitgliedern seiner Unterstützergruppe gefragt:

1. Mit welchen Kindern ist es im Moment schwierig, wer macht unglücklich?
2. Welche Kinder stehen dabei, wenn so etwas passiert / wenn es Ärger gibt?
3. Welche Kinder sind Freunde oder welche hätte man gerne als Freunde?

Oft überschneiden sich im Gespräch auch die Gruppen, denn so manche ärgerliche Situation ist aus ehemaligen Freundschaften entstanden. Dem Kind wird angekündigt, dass in einer Woche noch ein Gespräch geführt werden wird, um zu sehen, was besser geworden ist.

Dann bildet die Schulsozialarbeiterin oder Lehrerin eine Unterstützungsgruppe, die in der Regel zusammengesetzt wird aus allen Kindern, die ärgern (Gruppe 1) und allen (potenziellen) Freunden (Gruppe 3) sowie ein paar Zuschauern, Kindern, die dabeistehen (Gruppe 2).

Die Unterstützungsgruppe wird zusammengerufen, am besten in Absprache mit den KlassenlehrerInnen während der Unterrichtszeit. Als Ziel der Zusammenkunft wird erklärt, dass man allen Kindern helfen will, sich in der Schule wohlzufühlen und dass die Unterstützungsgruppe ausgewählt wurde, um speziell dem Kind X zu helfen, sich in der Schule wohlzufühlen. In der Sitzung werden Ideen und Vorschläge gesammelt, was die einzelnen Mitglieder der Gruppe tun können, damit X sich in der Schule wieder wohlfühlt.

Um die Empathie zu steigern, werden alle Mitglieder der Unterstützungsgruppe befragt, wann sie selbst sich zuletzt einmal unwohl an der Schule gefühlt haben, und sie werden ermuntert, von diesen Erfahrungen zu berichten.

Nach einer Woche erfolgt eine Nachbesprechung mit dem Kind, das an der Schule nicht mehr glücklich war. Dort wird erfragt, was jetzt besser geht und die Verbesserungen immer als Ergebnis des eigenen Beitrags gewertet: „Wie hast du das geschafft?", „Wie hast du das gemacht?".

Ebenfalls nach einer Woche erfolgt eine Nachbesprechung mit der Unterstützungsgruppe.

Hier soll jede/r einzelne berichten, was sie getan haben, um das Wohlbefinden von X an der Schule zu stärken. Sie erhalten einzeln und als Gruppe eine Anerkennung. Young regt an, nicht auf die in der 1. Sitzung gemachten Vorschläge einzugehen oder daran zu erinnern – manchmal haben die Kinder kreativ ganz andere Ideen entwickelt.

Manche der Kinder, die vorher geärgert habe, melden sich in dieser ersten Nachbesprechung-Sitzung nicht zu Wort und bleiben nur stumm dabei. Das lässt Young auch zu – es gibt ja noch eine zweite Nachbesprechung, bei der sie dann oft eifrig berichten. Die Unterstützungsgruppe hat erfahrungsgemäß oft andere Kinder in die Schranken verwiesen, die außerhalb der Gruppe das Kind X ärgern wollten. Die Gruppe wird nun gefragt, ob sie Lust hat, das ganze noch eine Woche fortzusetzen. Dem stimmen sie meistens zu.

Mit den Unterstützungsgruppen werden 2 bis maximal 5 Nachtreffen vereinbart, und nach jedem Nachtreffen werden die Eltern des ehemals geärgerten Kindes kontaktiert. Es wird möglichst wenig über Probleme, sondern über die wachsende Zufriedenheit an der Schule gesprochen. Auch wenn die früheren „Bullies" nach wie vor nichts sagen, wird die Gruppe als Ganzes gelobt.

In diesem nach einer Einführung auch durch BeraterInnen gut durchzuführenden Unterstützungsmodell werden die Drangsalierer nicht konfrontiert, da dies die Opfer oft bezahlen müssen und keine Kooperation hergestellt wird.

In diesem Buch finden sich bewusst keine Beispiele für die Gespräche mit dem drangsalierten Kind oder der Unterstützergruppe. Vor dieser Form der Beratung ist zu empfehlen, mindestens ein Tagesseminar im no-blame-approach zu besuchen.

Proaktiv und vorausschauend sollte die ganze Schule ständig Projekte planen, wie die Schule sicher werden kann und sich alle Kinder wohlfühlen.

Es können Schulhofgruppen eingerichtet werden, die gemeinsam die Pause gestalten als Partner, Kleeblatt oder Vierergruppe. Es können spezielle Pausengruppen gebildet werden von (z. B. älteren) Kindern, die für eine sichere und freundliche Pausenatmosphäre sorgen. Es gibt Modelle von geheimen Freunden, die beschützen (durch Los gezogen, wie beim Wichteln). In England gibt es „Haltestellen für Freunde" an Grundschulen. Dort können Kinder, die gerade niemanden in der Pause zum Spielen haben, von anderen Kindern eingeladen werden oder sich zusammenfinden und die Pause verbringen.

Arbeitsgemeinschaften, die Ideen sammeln, wie die Schule freundlicher werden kann, sind besonders erfolgreich, wenn die TeilnehmerInnen am Ende eine kleine Feier und ein Zertifikat erhalten.

5. Beratung mit Eltern 127

5. Beratung mit Eltern

Grundüberzeugungen

Vor der Beratung von Eltern ist es gut, sich noch einmal die hilfreichen Grundüberzeugungen bezüglich Eltern ins Gedächtnis zu rufen:

- Eltern möchten das Beste für ihr Kind. Sie möchten es fördern, damit es ihm im Leben gut ergeht.
- Eltern möchten eine gute Beziehung zu ihrem Kind und eine gute Beziehung zur Schule.
- Eltern möchten auf ihr Kind stolz sein.
- Eltern möchten anerkannt werden. Sie möchten, dass ihr Kind und wichtige Andere (z. B. in der Schule) sehen und anerkennen, dass sie ihre Sache als Eltern gut machen.

Elterngespräch planen – Leitlinien

Folgt man den Grundsätzen guter Beratung, sollte auch für ein Elterngespräch von vorneherein das Ziel feststehen: maximal ¼ der Gesprächszeit sollte sich um Probleme und Defizite drehen, die übrigen ¾ des Gesprächs sind Zielen, Ausnahmen, bereits erfolgreichen ersten Schritten und anerkennenden Rückmeldungen gewidmet.

Eine Ausnahme bilden Eltern, die sich in einer akuten Klagenden-Situation befinden (siehe unten).

Wenn Sie sich vergewissert haben, dass keine akute Klagenden-Situation vorliegt und den Eltern etwas an einer konkreten Veränderung liegt, soll im Gespräch bald eine konstruktive Richtung eingeschlagen werden.

Hier ein paar Beispiele:

Ziel	**Beispiel**
Von Defizitbeschreibungen zu Zielen	*„Ich habe Ihnen jetzt erläutert, was für mich zu der 4 in Naturwissenschaften geführt hat. Ich höre, dass Sie Ihrer Tochter ein besseres Ergebnis zutrauen. Erzählen Sie."* *„Welche Ideen haben Sie, wie wir diese Dinge auch in der Schule besser sehen können?"*
Erheben von Ausnahmen	*„Und an welchen Tagen kommt ihr Sohn lieber zur Schule?"* *„Wann in der Vergangenheit ist ihr Sohn gerne zur Schule gegangen?"* *„Wann zuletzt hat sie überraschend einmal Hausaufgaben gemacht?"*
Kontext und Bedingungen der Ausnahmen erheben	*„Was war da anders? Erzählen Sie mir doch davon?"* *„Welche Umstände waren das? Was haben Sie da bemerkt?"*
Skalierungen erfragen	*„Wenn 10 dafür steht: Mit Naturwissenschaften läuft alles gut und 0 für: Schlechter geht's nicht! Wo würden Sie Ihre Tochter im Moment einordnen, Herr ...?"* *„Und was meinen Sie, Frau ...?"*
Ideen der Eltern erfragen	*„Und welche Ideen haben Sie, wie wir die Situation verbessern können?"*

Was für Schüler gilt, gilt auch für Eltern: Wer schaut, was Eltern schon richtig machen und darauf aufbaut, braucht weniger zu arbeiten, aber ist effektiv!

Eltern fühlen sich der Schule gegenüber in der Regel in der schwächeren Position. Schule ist ja kein machtfreier Raum, und es gibt zwischen Eltern und Schule viele gegenseitige Fantasien über Allmacht. Hier sitzt die Schule aber am längeren Hebel. Die meisten Gespräche finden als „Heimspiel", nämlich auf dem Gelände der Schule statt. Die Schule hat zusätzlich die Kinder quasi als Pfand, denn sie bestimmt über Noten, Versetzung und Empfehlungen.

Besonders für Eltern gilt das, was vorne unter Kapitel 5 als Rahmen einer klassischen Beratung geschildert wurde: sie brauchen zu Beginn des Gesprächs eine klare Orientierung zu

- Anlass des Gesprächs
- Vertraulichkeit
- Zeitrahmen

Die Rolle früherer Gespräche

Ob die Beraterin möchte oder nicht: die Erfahrungen aus früheren Elterngesprächen schwingen immer mit in die aktuelle Situation. Gerade, wenn Eltern sehr aufgebracht oder ablehnend ins Gespräch kommen, spielt die Hypothek einer alten, nicht so gut gelaufenen Beratung oft mit. Gut gelaufene vergangene Gespräche bilden dagegen eine Ressource.

Ziel	Beispiel
Frühere Gespräche erfragen	*„Ihr Kind ist ja bereits seit 4 Jahren an dieser Schule. Da haben Sie ja sicher schon Gespräche mit KollegInnen geführt?"*
Frage nach nützlichen Elementen	*„Was war für Sie in diesen Gesprächen besonders nützlich?"*
Frage nach weniger nützlichen Aspekten	*„Und was war für Sie weniger nützlich? Was kann ich mir also sparen?"*

Ein Gespräch gut beginnen

Ein guter Türöffner ist ein Gespräch über Dinge, die die SchülerIn gut kann. Bei sehr zögerlichen Antworten kann die Beraterin mit zirkulären Fragen nachhaken. Hier ein paar Beispiele:

Ziel	Beispiel
Kompetenzen der Jugendlichen erfragen	*„Was kann Ihr Sohn/Ihre Tochter gut – auch außerhalb der Schule?"*
Frage nach alten Kompetenzen	*„Was konnte sie schon im Kindergarten oder in der Grundschule gut?"*
Frage nach sorgender Tätigkeit	*„Gibt es ein Tier, das er versorgt, kleine Kinder, um die er sich manchmal kümmert? Was macht er da gut?"*
Frage nach Kompetenzen, die Freunde kennen	*„Was würden seine Freunde / ihre Freundinnen sagen, das er/sie gut kann?"*
Frage nach Vereinsmitgliedschaften	*„Ist sie Mitglied in einem Verein? Was würden die Vereinsmitglieder sagen, dass sie gut kann?"*
Zirkuläre Fragen Verwandtschaft	*„Was würden die Großeltern oder Onkel und Tanten sagen, was er gut kann?"*

Ist einmal ein Hobby oder eine Kompetenz erfasst, gilt es, dieses erforschend zu vertiefen, um Ressourcen zu erfahren und ggf. auch zu notieren. Außerhalb der Schule scheinen manche Fähigkeiten auf, die im Schulunterricht verborgen bleiben. So zeigen viele Schüler im Bereich Hobby Fähigkeiten wie

- Initiative
- Durchhaltevermögen
- Geduld

- Fleiß
- Frustrationstoleranz
- langfristige Ambitionen,

die im täglichen Schulbetrieb verborgen bleiben. An diesen Fähigkeiten anzusetzen bildet eine wunderbare Gesprächsbasis, die dem engen Blick auf die rein schulischen Anliegen entflieht.

Problemschilderung – Klage oder Anliegen?

Manchmal wollen Eltern Dampf ablassen. Sie wollen klagen – sei es über die Schule oder über die Kinder. In einer solchen Klagenden-Situation sind sie nicht in einer Beratung. Solange sie in dieser Situation sind, lohnen sich keine der üblichen Beratungsinterventionen.

Lesen Sie im Kapitel 6 (Beratung von KollegInnen) die Passage zu „Die Klagenden-Situation" und wenden Sie die dort vorgeschlagenen Strategien auch auf Elterngespräche an.

Anliegen erheben

Aktiv Zuhören ist die wichtigste Technik, wenn wir das Anliegen der Eltern erfahren wollen. Wir wiederholen zusammenfassend, was wir gehört haben und versuchen gleichzeitig die Bedeutung, die die Angelegenheit für das Gegenüber hat, ebenfalls in Worte zu fassen.

Liegen wir richtig, rufen wir bei unsere GesprächspartnerInnen ein bekräftigendes Kopfnicken („yes-set") hervor, was den Rapport verstärkt.

Hier sind Beispiele:

Ziel	Beispiel
Dem Anliegen der Eltern aktiv zuhören	*„Früher war Ihr Sohn also gut in Mathe und in diesem Schuljahr hat er bisher keinen An-*

Ziel	Beispiel
	schluss an den Stoff gefunden. Das ist Ihnen unerklärlich."
Dem Anliegen der Eltern aktiv zuhören	*„Ihre Tochter wird von den Mitschülerinnen geärgert und Sie möchten, dass sich das ändert."*
Dem Anliegen der Eltern aktiv zuhören	*„Bisher hat sich noch keine Lösung gefunden. Das macht Ihnen Sorgen."*

Einen Auftrag für heute holen

Besonders wichtig für die Beraterinnen ist es, einen Auftrag für das aktuelle Beratungsgespräch einzuholen, damit eine klare Abstimmung dazu erfolgt, was idealerweise bei einem einzelnen Beratungsgespräch geschehen kann.

Hier sehen Sie Beispiele:

Ziel	Beispiel
Auftrag für die aktuelle Sitzung holen	*„Was kann hier geschehen, damit Sie sich sagen können: Das war ein gutes Gespräch?"*
Wirkungserwartungen erfragen	*„Was wird sich schon bald ändern, wenn dieses Gespräch gut läuft?"*
Fragen nach eigenen Lösungsversuchen	*„Sie haben sicher schon einiges versucht. Was davon war nützlich?"*
Fragen nach Ausnahmen	*„Wann läuft es eher so, wie Sie sich das wünschen?"*
Fragen nach problematischen und unproblematischen Situationen	*„Was macht Ihnen im Moment Sorgen?"* *„Und was läuft im Moment ganz gut?"*

Ziel	Beispiel
Frage nach Schulressourcen aus Elternsicht	*„Zwei Dinge, die Sie an der Schule auf keinen Fall ändern würden?"*
Auftrag für die aktuelle Sitzung	*„Woran werden Sie merken, dass das hier ein nützliches Gespräch war?"*

Die erwünschte Zukunft herbeiholen

Gute Beratung in der Schule ist immer die Beratung zu etwas hin und nicht von etwas weg. Deshalb sind die Schilderungen einer erwünschten Zukunft und möglichst viele Details der gewünschten Entwicklungsrichtung von immenser Bedeutung. Die systemische Beratung kennt seit Insoo Kim Berg dazu ein wunderbares Instrument: die Wunderfrage.

Ganz kurz dargestellt sieht die Wunderfrage wie folgt aus: *„Stellen Sie sich vor* (Pause), *Sie machen heute Abend Ihre üblichen Dinge* (Pause), *und gehen schließlich ins Bett schlafen. Während Sie schlafen* (Pause), *geschieht ein Wunder und das Problem oder die Sorgen, die Sie hierher geführt haben, sind verschwunden, einfach so. Sie wissen aber nicht, dass dieses Wunder geschehen ist. Woran merken Sie am nächsten Morgen als erstes: Mensch, hier ist wohl ein Wunder geschehen?"*

In der Folge wird eine möglichst detaillierte Schilderung der erwünschten Zukunft erfragt:

„Und woran merken Sie noch, dass ein Wunder geschehen ist?"

„Und woran noch?"

„Und wie verläuft Ihr Wundertag weiter?"

„Wie können Sie dann anders sein?"

„Was bemerken (wichtige Andere, z. B.) Ihre Kinder / Ihre KollegInnen an Ihnen am Wundertag? Was sehen sie?"

Für viele Eltern ist die Wunderfrage in der manchmal unbehaglichen Beratungssituation in der Schule einfach zu viel, zu groß und zu weit. Diese Eltern profitieren eher von einer modifizierten Wunderfrage.

Hier ein Beispiel:

Ziel	**Beispiel**
Zukunftsvision einladen	*„Stellen Sie sich vor, wir treffen uns hier wieder im nächsten Schuljahr und das Problem, das Sie hergebracht hat, ist verschwunden, einfach so."*
Vertiefen der Zukunftsvision	*„Was macht Ihre Tochter dann?"* *„Welche Klasse besucht sie? Womit beschäftigt Sie sich?"* *„Wofür hat sie dann Zeit und Energie?"*
Wartende Themen benennen	*„Was ist für Sie als Eltern im nächsten Jahr angesagt, wenn alles gut läuft?"* *„Wofür haben Sie dann mehr Zeit?"*
Soziales Netzwerk erfragen	*„Wem außer Ihnen als Eltern fällt noch auf, dass alles prima läuft?"*
	„Und was wird diese Person bemerken?"

Veränderungen vor der Beratung

Mit den Fragen nach Veränderungen vor der Beratung unterstreicht der Berater die Kompetenzen der Eltern und bereits vorhandene hilfreiche Strategien. Die Eltern sehen, dass sie auch ohne BeraterIn bereits wichtige Schritte haben tun können.

Die BeraterIn erfragt diese Veränderungen entweder direkt oder über eine Skalierung:

Ziel	Beispiel
Veränderungen vor der Beratung aufspüren	*„Bei vielen Elterngesprächen ist es so, dass sich zwischen der Anmeldung und der Beratung bei Ihrem Anliegen schon irgend etwas zum Besseren hin verändert hat. Was war das bei Ihnen?“*
Veränderungen vor der Beratung mit Hilfe einer Skala erfragen	*„Wenn 10 dafür steht: Es hat sich alles wunderbar entwickelt steht und 0 für den absoluten Anfang, als Sie um den Termin gebeten haben. Wo zwischen 0 und 10 können Sie sich heute einordnen?“* *„Was ist geschehen / was haben Sie getan, dass Sie heute auf (z. B. 2) sind und nicht auf 0?“* *„Was noch?“* *„Was noch?“*

Gute Ziele – Eine Entwicklungsrichtung festlegen

Auch für Eltern: nicht immer „schneller, höher, weiter“! Schulischer Alltag und Leben in Familien ist geprägt von weitreichenden Lebens- und Entwicklungsaufgaben, die wenig mit schulischem Lernen und beruflicher Orientierung zu tun haben. Dem sollen Ziele, die wir in der Schule entwickeln, Rechnung tragen und angemessen und bescheiden formuliert werden. Wie weit darf auch ein Skalenwert einmal nach unten gehen, ohne dass die Eltern die Hoffnung verlieren? Ohne dass die jungen Menschen die Verbindung zur Schule verlieren? Hier sind mitunter gemeinsame Erinnerungen an Kindheit und Schulzeit hilfreich.

Ziel	Beispiel
Weitere Entwicklungsaufgaben in den Blick holen	*„Nun besteht das Leben ja nicht nur aus schulischem Lernen und guten Zeugnissen. Im Alter ihrer Tochter stehen eine ganze Menge Entwicklungen an, z. B. ...“*
Zum Bezug zur eigenen Biografie einladen	*„Ich weiß nicht, wie es bei Ihnen war. Aber ich erinnere das noch gut aus meiner Jugend.“*
Zur Gelassenheit einladen	*„Da ist es oft hilfreich, wenn wir Erwachsenen gelassen bleiben.“*
Zur Zielfestlegung einladen	*„Wie weit darf es angesichts der Jugend denn auch einmal nach unten gehen, ohne dass Sie als Eltern den Mut verlieren?“*
Ggf. mit Skalierung, falls diese vorher erfragt wurde	*„Wenn das Wunder 10 ist und Sie Ihren Sohn heute bei 6 einordnen – wie weit darf es auf der Skala auch einmal nach unten gehen, ohne dass Sie als Eltern den Mut verlieren?“*

Ausnahmen mit Hilfe der Skala erfragen

Ziel	Beispiel
Skalierung der heutigen Situation	*„Wenn 10 dafür steht, dass in einem Jahr alles gelöst ist und 0 für das krasse Gegenteil, die schlimmste Zeit, die Sie je hatten, wo können Sie die Sache heute einordnen?“*
Bessere Zeiten	*„Wann zuletzt war es schon einmal höher auf der Skala als heute?“*

Ziel	Beispiel
Problemfreie Zeiten	*„Was war der höchste Wert, den Sie schon einmal in dieser Sache erreicht haben?“*
Problemfreie Zeiten als Elternleistung erfragen	*„Und wie haben Sie das fertig gebracht?“ „Was hat damals geholfen?“*

Fortgang des Gesprächs – Erste Ideen und Zutrauen erfassen

Ziel	Beispiel
Ideen aus früheren Lösungen entwickeln	*„Wenn Sie überlegen, was früher geholfen hat, fällt Ihnen dann etwas Ähnliches ein, was wir heute versuchen könnten?“*
Erste andere Ideen erfassen	*„Welche anderen Ideen sind Ihnen während des Gesprächs vielleicht schon gekommen?“*
Zutrauen mit Skala erheben	*„Wenn 10 dafür steht: Wir haben volles Zutrauen, dass sich hier etwas Gutes entwickelt und 0 steht für: Wir haben keinerlei Hoffnung und Zutrauen – wo zwischen 0 und 10 können Sie sich heute einordnen?“*
Abschlusskriterien der Beratung erfragen	*„Was meinen Sie: Wie muss diese Sache weitergehen, damit wir uns hier zu diesem Thema nicht mehr treffen müssen?“*

Gesprächsabschluss

Zum Gesprächsabschluss sollte den Eltern Wertschätzung und echte Anerkennung entgegengebracht werden. Für Tipps und Ratschläge sollte in jedem Fall ein Auftrag / eine Erlaubnis eingeholt werden.

Hier ein Beispiel:

Ziel	Beispiel
Ehrliche Anerkennung äußern	*„Herr und Frau ..., Sie kennen Ihre Tochter gut und verfolgen ihre schulische Situation mit Engagement und Interesse."* *„Ihre Tochter ist eine interessierte Schülerin und wir sind froh, dass wir sie an unserer Schule haben."*
Das Anliegen als Wunsch zusammenfassen	*„Ich habe verstanden, dass Sie sich eine bessere Situation unter den Mädchen in der Klasse wünschen."*
Auftrag für Tipps und Ratschläge einholen	*„Sie haben ja bereits einige Ideen entwickelt, die ich gerne an die Tutoren weitergebe. Möchten Sie noch zusätzliche Ideen von mir hören?"*
Ideen als kleine Experimente formulieren	*„Ich hätte zwei Ideen, die vielleicht nützlich sein könnten: ... und beobachten Sie, was geschieht."*

Bewährte kleine Gesprächsmodule mit Eltern

Die folgenden Mini-Bausteine lassen sich gut im Elterngespräch einsetzen:

Alles Gute sind die Eltern schuld

Eine Unsitte pädagogischer Berufe ist, alle schwierigen Seiten der Kinder dem Wirken des Elternhauses zuzuschreiben und alle positiven Seiten dem Wirken der Schule. Dem will folgender Gesprächsbaustein entgegenwirken:

Ziel	Beispiel
Echte Anerkennung zu einer Eigenschaft / Kompetenz formulieren	*„Ihr Sohn ist ja in vielen Fächern gut, aber im Sport und Fußball ist er hier an der Schule ein richtiger Star."*
Frage nach Förderung durch die Eltern	*„Wie haben Sie das gefördert?"*
Bei Widerspruch Beharren	*„Das sehe ich nicht so. Wenn ein Kind solche Qualitäten zeigt, haben die Eltern das irgendwie gefördert."*

Erfahrungen aus der eigenen Schulzeit

Mit den Eltern über ihre eigenen Schulerfahrungen zu reden ist in mancher Hinsicht hilfreich: Eltern werden durch die Erinnerung verständnisvoller den eigenen Kindern gegenüber. Zusätzlich bekommen BeraterInnen Informationen über gute und schlechte Schulerfahrungen der Eltern, die als Hypothek oder Ressource in die Jetztzeit mitgenommen werden.

Beispiele sind:

Ziel	Beispiel
Erfahrungen mit Lehrern erfragen	*„Welche guten und schlechten Erfahrungen haben Sie denn als Kind mit Lehrern und Lehrerinnen in der Schule gemacht?"*
Vorbilder erfragen	*„Und welche anderen Erwachsenen waren wichtig für Sie? Welche waren besonders hilfreich?"*
Lehren aus der eigenen Schulzeit	*„Wenn Sie an Ihre eigene Schulzeit denken: Was ist das Wichtigste, das eine Lehrkraft tun sollte?"*

Ziel	Beispiel
Transfer in die heutige Schule	*„Wenn Sie heute hier für eine Woche die Schulleitung hätten, was würden Sie ändern?“*
Ressourcen der Schule erfragen	*„Was ist Ihnen an unserer Schule heute so wichtig und wertvoll, dass sie es auf keinen Fall anders haben möchten?“*

Mein eigener Fan werden

Eltern können davon profitieren, wenn sie lernen, sich selbst Anerkennung auszusprechen. Das macht schrittweise unabhängiger von äußerer Anerkennung und stärkt das Selbstwertgefühl. Manche Eltern profitieren von einem kleinen Selbstbeobachtungs-Bogen, der schriftlich oder mündlich eine positive Reflexion möglich macht.
Ein solcher Bogen ist stets eine Einladung, keine Aufgabe an die Eltern. Vielleicht legen Sie die Bögen im Beratungsraum oder in der Warteecke aus.

1. **Welche freie und unbeschwerte Zeit mit unserem Kind hat mir in den letzten Tagen am besten gefallen?**

2. **Was habe ich selbst dazu beigetragen, dass das eine gute Zeit war?**

3. **Welche Unterhaltung über die Schule mit unserem Kind hat mir in den letzten Tagen am besten gefallen?**

4. **Was habe ich selbst dazu beigetragen, dass das eine gute Unterhaltung war?**

5. **Welche gute Eigenschaft hat mein Kind anscheinend von mir geerbt?**

6. **Wo ist ihm/ihr diese Eigenschaft außerhalb der Schule nützlich?**

7. **Wo ist ihm/ihr diese Eigenschaft in der Schule nützlich?**

8. **Was finden andere Kinder wohl gut an mir/uns als Vater / Mutter / Eltern?**

9. **Darauf freue ich mich heute Nachmittag und Abend:**

Spezielle Situationen

Einstieg in ein Elterngespräch mit SchülerIn

Wenn Sie den Mut haben und eine leichte humorvolle Atmosphäre schaffen können, können Sie den genialen Einstieg in ein Familiengespräch versuchen, den unsere Lehrerin Insoo Kim Berg gepflegt hat:

„Herr Meier, was machen Sie beruflich oder auch als Hobby?"
„Frau Meier, was macht ihr Mann gut als ...? Was meinen Sie?"
„Und Jan, was meinst du, macht dein Vater gut als ...?"

„Und Sie, Frau Meier, was machen Sie beruflich oder als Hobby?"
„Herr Meier, was macht Ihre Frau gut als ...? Was meinen Sie?"
„Und Jan, was meinst du, macht deine Mutter gut als ...?"

„Und du, Jan, beruflich bist du ja Schüler, aber als Hobby?"
„Herr Meier, was macht Jan wohl gut als ...? Was meinen Sie?"
„Und Frau Meier, was meinen Sie, macht Jan gut als ...?"

Wenn Sie mutig sind und diesen Einstieg wagen, haben Sie gleich alle Beteiligten auf Ihrer Seite. Vielleicht gelingt sogar eine gemeinsame Anerkennung wie „Ja, das sehe ich, dass Sie EINE Familie sind – jede und jeder hat eine klare Meinung und bleibt auch dabei. Wer aus der Großelterngeneration war auch so? Das ist ja in manchen Kontexten sehr sehr nützlich! Herr Meier, Sie lassen sich auch kein X für ein U vormachen!"

Elternarbeit bei Mobbing

Bereits oben bin ich auf die Arbeit mit SchülerInnen eingegangen, wenn sich ein Kind drangsaliert fühlt. Eltern im Fall von Mobbing einzubeziehen, ist besonders wichtig. Wenn das eigene Kind sich drangsaliert und unwohl an der Schule fühlt, löst dies starke Gefühle von Ohnmacht aus.

Vorschläge der betroffenen Eltern zielen meist in Richtung Bestrafung und Sanktion der „Täter". Das geschieht aber, weil die Eltern keine alternativen Wege zur Konfliktlösung kennen und weil Stammtische, Boulevard-Presse und -Fernsehen den Eindruck erwecken, Kontrolle und Strafen könnten eine harmonische Ordnung herstellen.

Dabei haben Eltern eigentlich nur das Ziel, dass die Quälereien aufhören und die Angelegenheit gelöst wird.

Schulen reagieren manchmal so, dass sie das Problem herunterspielen und in eine Art Verteidigungshaltung geraten. Damit fühlen sich die Eltern nicht ernstgenommen und suchen außerhalb der Schule nach Lösungen. Wenn die Klagen sich dauernd wiederholen, verlieren Lehrerinnen und Schulleiterinnen zunehmend die Geduld mit den anscheinend überbehütenden Eltern und den überängstlichen Kindern.

Es gibt aber jenseits von allen Schuldfragen immer Handlungsbedarf, wenn ein Kind sich unglücklich an der Schule fühlt. Meist muss schon einiges passieren, bevor Kinder ihren Eltern oder (meist noch später) der Schule Mitteilung über Mobbing machen. Die Eltern sorgen sich also zu Recht und sollten diejenigen kennenlernen, die als Beratungslehrerinnen oder Schulsozialarbeiter mehr Zeit für die Lösung solcher Konflikte haben als die Klassenlehrer und ggf. sogar eine besondere Ausbildung. In Deutschland gibt es kurze und längere Fortbildungen im no-blame-approach. Lesen Sie dazu vorne S. 119–123.

6. Beratung von KollegInnen 147

6. Beratung von KollegInnen

Kollegiale Beratung ist ein wunderbares Unterstützungsinstrument gerade in der Schule. Teamteaching ist selten – meist sind Pädagogen alleine unterwegs und können von einer unterstützenden kollegialen Beratung nur profitieren.

Allerdings gilt es zwei Fallstricke zu vermeiden:

Unterschiedliche pädagogische Stile und der kleine Größenwahn

Seit Menschengedenken tobt die Auseinandersetzung über die richtige Form von Erziehung, Didaktik und Ausbildung. Unter der groben Dichotomie „Führen" oder „Wachsenlassen" duellieren sich seit Jahrhunderten, wenn nicht Jahrtausenden PädagogInnen auf der ganzen Welt. Wie sollte es im Kollegium einer Schule anders aussehen? Auch dort treffen die unterschiedlichen Positionen fast zwangsläufig aufeinander, weil das Kollegium als lebendiges System auch dafür sorgt, dass alle wichtigen Stimmen zu Wort kommen – eine sehr praktische und überlebensfähige Position.
So ist es ja auch im Familienkreis bei der Versorgung zunehmend gebrechlicher Eltern typisch und auch richtig, dass bei mehreren Kindern Stimmen der Sicherheit für die alten Eltern mit anderen Stimmen streiten, die Freiheit und Selbstbestimmung als oberstes Gut ansehen.
Das Gleiche gilt auch für die Schule. Hat nun eine KollegIn, die eine andere Richtung als wir selbst vertritt oder ausübt, Schwierigkeiten mit einer Schülerin oder einer Klasse, neigen wir dazu, dies heimlich als eine Bestätigung unserer eigenen pädagogischen Position anzusehen nach dem Motto: „Kein Wunder! Bei meinem pädagogischen Ansatz wäre das nicht passiert!"
Hier meldet sich der pädagogische Größenwahn zu Wort, eine kleine, mal leisere, mal lautere innere Stimme, die zu jeder Pädagogin dazugehört. Wer gerne mit jungen Menschen zusammen ist, sie begeistern und unterrichten kann, der möchte am liebsten, dass alle jungen Menschen dieser Welt nach ihrem Ansatz unterrichtet und erzogen werden. Ganz heimlich halten wir uns für die besseren LehrerInnen, SozialarbeiterInnen, ja sogar in der

Elternrolle wären wir fähiger als die Schüler-Eltern, so die Einflüsterungen unseres Größen-Selbst.
Dieser Größenwahn ist unter Umständen sehr fruchtbar – wenn PädagogInnen von Pestalozzi über Carl Rogers, Martha Muchow, Maria Montessori und Alexander Neill ihren eigenen Ansatz ausarbeiten und uns als Bücher hinterlassen.
In der alltäglichen pädagogischen Arbeit aber gehört diese Stimme selbstreflexiv und mit Humor wahrgenommen und dann auch wieder an ihren Platz in den (um ein Bild von Schulz von Thun zu gebrauchen) Kulissen unserer inneren Bühne verwiesen, wo wir sie hervorholen können, wenn unser Selbstwertgefühl gerade einmal im Keller ist.
Im beratenden Gespräch mit einer Kollegin sollte die Grundüberzeugung herrschen, dass es nicht den EINEN pädagogischen Stil gibt, der erfolgreich ist, sondern dass jede Lehrerin den für sie passenden Stil finden muss und es in jedem Fall auch SchülerInnen geben wird, die genau von diesem Stil profitieren.
Beratung soll nicht die eigenen Patentrezepte weitergeben, sondern detektivisch herausfinden, wie die Kollegin arbeitet, wenn sie und ihre SchülerInnen erfolgreich und zufrieden sind.

Hilfreiche Grundüberzeugungen in der Beratung von KollegInnen sind demnach:

In der Regel

- lieben LehrerInnen ihren Beruf
- mögen LehrerInnen Kinder
- freuen sich LehrerInnen über eine gute Entwicklung ihrer SchülerInnen
- möchten LehrerInnen eine gute Beziehung zu SchülerInnen, Eltern, KollegInnen aus Unterricht und Verwaltung

Beratung ohne Auftrag – die Klagenden-Situation

Ein Grundsatz unterstützender kollegialer Beratung lautet: Keine Beratung ohne Auftrag! Es ist ein lästiger Irrtum, vor allem pädagogischer Berufe, jede Unwohlseins-Äußerung eines Menschen als Auftrag zur Beratung zu missdeuten.

Dies gilt besonders für die Klagenden-Situation:
Manchmal wollen Menschen jammern und klagen. Sie wollen einfach einmal Ärger loswerden und die unfreundliche Welt bejammern. Solche Situationen kennen wir alle. Ob wir Liebeskummer haben oder uns über unsere Chefin ärgern – auch wir wollen manchmal nur klagen und *keine* guten Ratschläge hören.

Was kennzeichnet nun die „Klagenden – Situation“:
Eine Klagende ist überzeugt, dass sie selbst alles getan hat, was nur menschenmöglich ist, und dass eine andere Person oder unglückliche Umstände an der Misere schuld sind. Wenn sich diese Personen oder Umstände nicht ändern, werden auch die Probleme bestehenbleiben.

In der Regel sind uns solche Gespräche unangenehmer als die mit veränderungswilligen und optimistischen GesprächspartnerInnen. Gerade bei Menschen, die gerne und gut helfen, lösen Begegnungen mit Klagenden ungute Gefühle aus. Die Gefahr ist groß, zunächst sehr viel zu arbeiten, Beratungszeiten zu überziehen, vorschnell Rat„schläge“ zu geben und alles zu versuchen, um die Menschen aus ihrer klagenden Position herauszuholen. Misslingt dies, besteht die Gefahr, dass BeraterInnen gereizt und ungeduldig reagieren.

Ich möchte Ihnen in der Weiterentwicklung lösungsfokussierter Ansätze ein anderes und erfolgreiches Gesprächsverhalten vorschlagen.

Grundstrategien zur Klagenden-Situation:
„Entspannen Sie sich! Setzen Sie wenig Energie ein!“

Sobald Sie die Situation als Klagenden-Situation eingeschätzt haben, lehnen Sie sich innerlich zurück. Hier ist zwar Ihre Aufmerksamkeit und Anteilnahme gefragt, aber zunächst nicht Ihre Energie. Klagende befinden sich nur scheinbar in einem Gespräch. Es ist eher ein Monolog. Fahren Sie

Ihre Energie auf 20 % herunter! Sie sollen der Klagenden zunächst nur verständnisvoll zuhören.

Passen Sie sich in Tonfall, Lautstärke und Körperhaltung der Sprechweise der klagenden Person an. Damit verweigern Sie den Komplementär-Part und verhindern, dass die klagende Person immer mehr ins Jammern kommt, während Sie selbst energisch und mit (vergeblich eingesetzter und deshalb frustrierender Energie) an ihr zerren.

Die Situation ist durch Entspanntheit, nicht durch Kraft in den Griff zu bekommen!

Lassen Sie die Klagende erzählen, berichten, anklagen, Beispiele nennen.

Alles, was Sie tun müssen, ist die Klagende ausreden lassen und verständnisvoll zuhören, bis die Klagen ausgehen.

Gewöhnlich hat die Klagende bereits lange nachgegrübelt oder sich geärgert. Sie möchte sich zunächst einmal „aus-sprechen". Nehmen Sie dies wörtlich. Unterbrechen Sie den Fluss der Rede nicht durch Fragen und schon gar nicht durch Vorschläge!

Seien Sie gesammelt und aufmerksam, aber beteiligen Sie mehr Ihr Gefühl als Ihren Kopf. Denken Sie daran, wie hier eine mitfühlende Großmutter oder ein älterer Nachbar zuhören würden: Nicken Sie ab und an, respektieren Sie auch durch Ihre Miene den Ernst und die Schwierigkeit der Situation, flechten Sie kurze verständnisvolle Äußerungen ein („oh je!" „Wirklich?" „Mh!").

Wenn Sie detektivische Fragen und Ratschläge vermeiden, fehlt der Klagenden der gesellschaftliche Widerpart für das „ja-aber-Spiel", das Sie sicher kennen: Sie selbst machen mit energischer und aktiver Stimme Vorschläge, während Ihr Gegenüber an jedem Vorschlag etwas auszusetzen hat („Das geht sowieso nicht." „Aber dazu fehlt mir die Zeit."), was für Sie ermüdend und frustrierend ist und die klagende GesprächspartnerIn auch nicht weiterbringt.

Aber: Wollen die Klagenden nicht sofort eine Entscheidung oder einen Ratschlag?

Das ist *nicht* der Fall! Beziehungsweise: *Wenn* das der Fall ist, haben wir keine Klagenden-Situation, sondern die Klage hat sich in eine Beratungs-Situation gewandelt.

Warten Sie also, bis die Klagen dünner geworden sind oder bis Sie selbst Ihre „Un-Tätigkeit“ nicht mehr aushalten.

Fragen Sie dann als Erstes:

„Was wirst du jetzt tun?“

Antwortet die Klagende: *„Ich weiß auch nicht ...“*, dann fragen Sie weiter:

„Was hast du schon überlegt?“

Und erst danach:

„Was möchtest du von mir hören?“

Beenden Sie Gespräche mit Klagenden pünktlich! Als professionell Helfende neigen wir dazu, den Kontakt auszuweiten, um doch noch eine Möglichkeit zur Beratung der Klagenden zu finden. Nehmen Sie hier in jedem Fall die Situation in die Hand und beenden Sie das Gespräch freundlich und zugewandt, aber pünktlich!

Bausteine für die Beratung von Kolleginnen und Kollegen

Eher selten findet die kollegiale Beratung nach einem festen Plan und in einem festen Zeitrahmen statt. Hier finden sich nützliche längere oder kürzere Gesprächsbausteine, die auch bei kurzen Beratungen „zwischen Tür und Angel“ gute beraterische Wirkung zeigen können.

Lass den Fan berichten

Alle LehrerInnen haben irgendwo einen Fan unter den Schülern, der ausschließlich die positiven Dinge im Unterricht sieht, dem Lehrer mit ungebrochener Bewunderung und Sympathie begegnet und ihm nur das Beste wünscht. Wenn das Selbstbewusstsein der Kollegin einmal leidet, ist der folgende Beratungsbaustein nützlich:

Ziel	**Beispiel**
Eine Fan-Person vor Augen führen	*„Wer ist dein Fan?"* *„Ein Schüler oder eine Schülerin, die alles toll findet, was du machst."*
Zirkulär Wertungen des Fans erforschen	*„Was erzählt dein Fan über dich?"* *„Und was sagst/meinst du dazu?"* *„Was schätzt der Fan an dir?"* *„Und was sagst/meinst du dazu?"*
Pädagogischen Nutzen herausarbeiten	*„Was machst du für ihn möglich? Welche guten Seiten holst du bei dem Fan heraus?"* *„Und was sagst/meinst du dazu?"*
Wichtige Rolle herausarbeiten	*„Wenn du nächsten Monat die Schule verlassen würdest, was würde dem Fan dann am meisten fehlen?"* *„Und was noch?"* *„Und was noch?"*

Mein eigener Fan werden

Auch KollegInnen können davon profitieren, wenn sie lernen, sich selbst Anerkennung auszusprechen. Das macht schrittweise unabhängiger von äußerer Anerkennung und stärkt das Selbstwertgefühl. Aufgaben der Selbstbeobachtung erleichtern hier einen Einstieg. Vielleicht können Sie der KollegIn den folgenden Bogen kopieren und mitgeben:

1. **Welcher Schülerkontakt außerhalb des Unterrichts (vor dem Unterricht, Unterrichtspausen, nach dem Unterricht) hat mir heute am besten gefallen?**

   ____

2. **Was habe ich selbst dazu beigetragen, dass das eine gute Zeit war?**

   ____

3. **Welche Unterrichtsstunde hat mir heute am besten gefallen?**

   ____

4. **Was habe ich selbst dazu beigetragen, dass das eine gute Zeit war?**

   ____

5. **Welche Unterrichtsstunde hat mir heute am zweitbesten gefallen?**

   ____

6. **Was habe ich selbst dazu beigetragen, dass das eine gute Zeit war?**

   ____

7. **Welcher Schüler / welche Schülerin hat heute am meisten von mir gelernt?**

   ____

8. **Und was habe ich dazu beigetragen?**

   ____

9. **Was habe ich heute didaktisch dazu gelernt, das ich gestern noch nicht wusste / konnte?**

   ____

10. **Darauf freue ich mich heute Nachmittag und Abend:**

    ____

11. **In der Schule freue ich mich morgen auf:**

    ____

Auftrag für heute formulieren

Auch bei der kollegialen Beratung ist der Auftrag für die aktuelle Beratung eine wichtige Komponente. Egal wie kurz die Zeit ist, die ich der Kollegin schenken kann – der klare Auftrag ist eine fruchtbare Basis für die weitere Arbeit. Bewährte Formulierung dazu:

„Was kann hier heute Hilfreiches geschehen? So hilfreich, dass du dir sagst: Gut, dass dieses Gespräch stattgefunden hat."

Oder:

„Was muss hier jetzt geschehen, dass du dir sagen kannst: Ich bin in diesem Gespräch weitergekommen?"

Schwierige Situationen anerkennen

Wenn eine Kollegin sich beraten lässt, ist die Sache schwierig und auf keinen Fall mit einem „Ach, dann machst du einfach ...!" zu lösen. Auch wenn Ihnen das Anliegen klein vorkommt: Seien Sie neugierig und respektvoll gegenüber dem Problem und betonen Sie lieber die Schwierigkeit der Situation für die Kollegin: *„Oh, das scheint ja schwierig zu sein."*

Problem bei den Schülern lassen

Wer kennt das nicht: Die Kollegin klagt über das schwierige Verhalten der Schüler – die Beraterin sieht vor allem den Beitrag der Ratsuchenden zur Situation. „Warum hast du nicht ganz einfach ..."? ist alles andere als hilfreich.

Hier sind es kleine entspannende, teils witzige und Ausnahmen betonende Gesprächsbausteine, die hilfreich sein können:

Fragen nach konstruktiven Beiträgen der SchülerInnen

Ziel	Beispiel
Das schwierige Verhalten der Schüler in Relation betrachten	*„Was hätten die Schüler tun müssen, um die Situation NOCH schwieriger oder schrecklicher zu machen?"*
Im Kontrast eine möglichst gute Stunde in der gleichen Klasse betrachten	*„Wenn du zurückblickst: Was war bisher die beste Stunde in dieser Klasse?"* *„Keine? Nun, dann die am wenigsten schwierige?"*
Das Verhalten der Schüler in einer guten Stunde betrachten	*„Wie waren die Schüler da anders?"*
Die eigenen Aktionen damals erinnern	*„Wie hast du das geschafft, dass sie (mitgearbeitet haben / konzentriert waren)?"*
Erwerb der Fähigkeiten reflektieren	*„Machst du so etwas öfter?"* *„Fällt dir so etwas leicht?"* *„Konntest du das immer schon?"* *„Oder wann und wo hast du das gelernt?"*
Verhalten in schwierigen Situationen reflektieren	*„Wann zuletzt hast du eine schwierige Situation – in dieser Klasse oder einer anderen – so gemeistert, dass du dich hinterher richtig gut gefühlt hast?"*
Erwerb der Fähigkeiten reflektieren	*„Kommt so etwas öfter vor?"* *„Woher kannst du so etwas?"* *„Wann und wo hast du das gelernt?"* *„Lernst du neues Verhalten immer so? (aus Büchern, von Modellen, spontan ausprobiert)"*

Kollege in Bestform

Alle haben gute und schlechte Tage, Tage der miesesten Form und der Bestform. Sue Young schlägt die Frage nach der Bestform vor. So können KollegInnen ihre gelingenden Zeiten ins Gespräch holen und das Erinnerte wieder neu beleben.

Ziel	Beispiel
Zeiten der Bestform erfragen	*„Wann zuletzt warst du als Lehrer in Bestform?"*
Zirkulär erfragen	*„Was würden die Schüler aus der schwierigen Klasse sagen, wann du zuletzt in Bestform warst?"*
Bedingungen für die Bestform erfragen	*„Was muss passieren, damit du deine Bestform ausleben kannst?"*
Zufriedenheit im Beruf erfragen	*„Und was denkst du über deine Berufswahl, wenn du in Bestform bist?"*

Das heimliche Vorbild

Heimliche Vorbilder und Idole können unser Handeln anspornen und uns gute Modelle sein. Egal, ob ein heimliches Vorbild aus der Kindheit, aus einem Film oder Roman oder gar aus dem aktuellen Kollegium stammt – es ist fruchtbar, diese motivierenden Figuren in die Beratung einzubinden.

Ziel	Beispiel
Fragen nach dem heimlichen Vorbild	*„Wenn wir genauer nachdenken, haben wir vielleicht alle heimliche Vorbilder, denen wir auch in der Schule nacheifern möchten. Sie können aus der Kindheit, aus einem Film oder Roman oder gar aus dem aktuellen Kollegium stammen. Überlege, wer das bei dir sein kann.*

Ziel	Beispiel
	Du kannst, aber du musst es mir nicht verraten. Es reicht, dass die Person dir vor Augen steht."
Fragen nach bewunderten Aspekten	*„Was von deinem heimlichen Vorbild würdest du gerne übernehmen?"*
Frage nach abgelehnten Aspekten	*„Und welche Dinge oder Aspekte möchtest du von deinem heimlichen Vorbild lieber nicht übernehmen?"*
Fiktives Verhalten des Vorbilds in einer schwierigen Situation	*„Du hast schon von einer schwierigen Situation in deiner Klasse berichtet. Was meinst du, was dein Vorbild in so einer Situation tun würde?"*
Fragen nach Transfermöglichkeiten	*„Was davon würdest du gerne übernehmen? Was würde vielleicht auch für dich passen? Und was eher nicht?"*
Fragen nach möglichen Experimenten	*„Was hast du schon überlegt, wie du das einmal ausprobieren könntest?"*

Zirkuläre Wunder – Was soll man über dich sagen?

Wie möchte unsere Kollegin, die wir beraten, an der Schule gesehen werden? Dies auszusprechen ist eine wunderbare Methode der Selbstreflexion, die hilft, klare und angemessene Ziele zu entwickeln.

Ziel	Beispiel
Die ideale Meinung der Schüler erfragen	*„Was möchtest du, dass deine Schüler untereinander über dich erzählen? / in einem Schülernetzwerk teilen?"*

Ziel	Beispiel
Die ideale Meinung der KollegInnen erfragen	*„Was möchtest du, dass deine KollegInnen untereinander über dich erzählen?"*
Die ideale Meinung der Schulleitung erfragen	*„Was möchtest du, dass deine Schulleiterin über dich erzählet? Was würdest du gerne deiner Beurteilung lesen?"*
Die ideale Meinung der Eltern erfragen	*„Was sollen idealerweise die Eltern über dich erzählen?"*

Immer hilfreiche Fragen

Die folgenden Fragen sind Beispiele für offene und kompetenzorientierte Fragen, die im kollegialen Gespräch immer förderlich sind:

- Wie gelingt es dir, Kontakt zu zurückhaltenden Schülern zu bekommen?

  ____

  ____

- Wie gelingt es dir, Schüler und Schülerinnen zu interessieren?

  ____

  ____

- Was sind deine besten Tipps für schwierige Klassen?

  ____

  ____

- Was würden deine Schüler sagen, sollst du auf keinen Fall verändern?

  ____

  ____

- Mit welcher deiner Aktionen heute warst du total zufrieden?

- Wann zuletzt war es einmal schwierig in einer Klasse und die Schüler haben geholfen? Wie hast du das geschafft?

- Gute Lehrer sollen klar, freundlich, humorvoll, gelassen und unterstützend sein. In welcher Reihenfolge hast du diese Eigenschaften (eventuell Karten vorbereiten und hintereinander ordnen lassen).

- Wie förderst du das Selbstvertrauen der Schüler und Schülerinnen? Welche Tipps hast du?

- Wie förderst du die Freude am Lernen? Welche Tipps hast du?

- An was für Tagen denkst du: Ich habe genau den richtigen Beruf ergriffen.

Eine vollständige kollegiale Beratung – ein Beispiel

Wenn Sie sich mit einem Kollegen zu einem ausführlichen Beratungsgespräch treffen, ist es manchmal nützlich, sich an eine klare Struktur zu halten, um den Unterschied zwischen der Alltagskommunikation unter KollegInnen und einem Beratungsgespräch zu markieren.

Hier finden Sie eine bewährte Struktur, wie wir sie auch in unseren Beratungsausbildungen als Beispiel üben. Schauen Sie, wie diese Struktur sie anspricht und wo sie nützlich sein könnte.

Wichtig ist, der Kollegin, die beraten wird, viel Zeit bei der Beantwortung der Fragen zu lassen. Aus konstruktivistischer Sicht müssen wir uns umso mehr freuen, je länger eine Antwort auf eine Frage braucht, denn das heißt, dass unser Gegenüber neue Bedeutungsstrukturen bildet.

Da die meisten kollegialen Beratungen in einer vertrauensvollen Atmosphäre stattfinden, ist die folgende Beratungsstruktur in der Du-Form gehalten. Gespräch und Rückmeldung dauern etwa 30–40 Minuten.

1. Rahmen der Beratung

Sie sichern der Kollegin Vertraulichkeit zu und benennen kurz den Zeitrahmen für das Gespräch.

2. Anliegen

Die Kollegin schildert kurz ihr Anliegen.

3. Problembeschreibung

„Manche Dinge im Leben lassen sich ändern, andere nicht. Was befürchtest du für den Fall, dass sich nichts verändert?“

4. Auftrag für die heutige Sitzung
„Was kann heute hier in diesem Gespräch geschehen, dass du dir

heute Abend sagst: ‚Wie gut, dass ich dieses Thema angesprochen habe.'?"

5. Wunderfrage klassische Variante A

„Stell dir vor (Pause): *Nach der Schule fährst du nach Hause* (Pause), *machst das Übliche, legst dich abends ins Bett und schläfst ein* (Pause). *Und über Nacht* (Pause), *während du schläfst* (Pause), *geschieht ein Wunder* (Pause) *und das Problem, das du mir geschildert hast, hat sich aufgelöst* (Pause), *einfach so!* (Pause) *Du hast jedoch geschlafen und weißt nicht, dass ein Wunder geschehen ist.* (Pause) *Woran* (Pause) *wirst du morgen nach dem Aufwachen als erstes bemerken* (Pause), *dass wohl ein Wunder geschehen ist?"*

„Und wie sieht dein Wundertag weiter aus?" (passende Vertiefungsfragen)

„Und was ist noch anders am Wundertag?" (passende Vertiefungsfragen)

6. Wunderfrage Variante B

„Stell dir vor, wir treffen uns nächstes Jahr wieder, genau im nächsten Schuljahr um die gleiche Zeit und ich frage dich, wie es eigentlich mit deinem Anliegen gelaufen ist und du erzählst mir: ‚Ganz wunderbar! Noch besser, als ich dachte.' – wie sieht es dann in einem Jahr bei dir aus? Was kannst du mir erzählen?"

„Und was ist noch besser im nächsten Jahr?" *„Und was noch?"*

„Und wie geht es dir im Ganzen, wo dieses Anliegen so gut gelöst ist?"

7. Skalierung 1

„Wenn 10 für das Wunder steht und 0 für das krasse Gegenteil: die schlimmste Zeit, die du je hattest: Wo zwischen 0 und 10 befindest du dich heute?"

8. Skalierung 2

„Welche Person außer dir selbst hat dazu beigetragen, dass du heute auf ... bist und nicht auf 0?“

„Welcher glückliche Umstand hat dazu beigetragen, dass du heute auf ... bist und nicht auf 0? Wo hast du einfach Glück gehabt?“

„Welche eigene Aktivität hat dazu beigetragen, dass du heute auf ... bist und nicht auf 0?“

9. Skalierung 3

„Gerade in der Schule läuft nicht alles immer ideal. Wenn 10 für das Wunder steht und 0 für das krasse Gegenteil: Mit wie viel wirst du zufrieden sein?“

„Und woran wirst du erkennen, dass du diesen Wunschwert erreicht hast?“

10. Zirkuläre Frage

„Wer kennt dich gut?“ (konkrete Person mit Namen (X) erfragen!) „Stell dir vor, (X) ist jetzt hier und hat uns zugehört, was würde er/sie dir wohl raten?“

„Und was meinst du dazu?“

11. Einleitung kleine Beratungspause

„Ich werde jetzt kurz überlegen, was ich dir zu deinem Anliegen sagen kann. Vielleicht habe ich auch ein kleines Experiment für dich – mal schauen. Aber sage mir: Welchen Rat kannst du auf keinen Fall brauchen – was kann ich mir schenken?“

Beratungspause

12. Rückmeldung

Gestalten Sie Ihre Rückmeldung möglichst in 3 Schritten:

I. Überlegen Sie für Ihre Kollegin 2 Dinge, die Sie ehrlich anerkennen können.

II. Fassen Sie noch einmal das Anliegen der Kollegin zusammen: Was wünscht sie sich? Wovon möchte sie mehr?

III. Formulieren Sie ggf. eine Aufgabe, die eingeleitet werden sollte mit:

„Ich habe ein kleines Experiment für dich, das vielleicht nützlich sein könnte ...“

und beendet werden sollte mit *„und beobachte, was passiert.“.*

Die Aufgabe soll

- möglichst klein und leicht durchführbar sein
- bereits vorhandenes geglücktes Repertoire der Kollegin aufnehmen
- (wenn Sie systemisch ausgebildet sind: oder ein wenig Sand in das Getriebe von Teufelskreisen streuen)
- nur gelegentlich erfüllt werden.

Oft reichen auch Bestärkungen („Weiter so!) und Beobachtungsaufgaben wie „Beobachte bis zur nächsten Woche alles in dieser Klasse, was dir so gut gefällt, dass du es öfter haben möchtest.“.

13. Dank und Abschied

Förderliches Gruppenverfahren 1: kollegiale Beratung in der Gruppe

Zum Abschluss des kollegialen Teils werden hier noch zwei einfache und effektive Gruppen-Verfahren dargestellt, die geeignet sind, alle KollegInnen zu unterstützen bzw. zu beraten.

Polyphonie der Kollegialen Beratung

Das von mir entwickelte Modell der kollegialen Beratung ist mit den Jahren immer einfacher und effektiver geworden. Es braucht keine Beratungsausbildung, kann in allen Gruppen eingesetzt werden und hat sehr einfache Regeln und eine einfache Rolle für die Moderation.

Das Modell kann eingesetzt werden in der

- Fallbesprechung
- Supervision und Intervision
- kollegialen Beratung durch eine Gruppe / ein Team.

Grundlagen:

Wichtigste Grundlage ist die Polyphonie, die Vielstimmigkeit, die in drei der sechs Phasen des kollegialen Beratungsmodells eintritt:

1. Das zeigt sich schon beim Anliegen. Hier gibt es keine langen Vorträge der Person, die beraten werden möchte. Ganz kurz nur schildert sie ihr Anliegen und es ist Sache der Gruppe, alle wichtigen Informationen zum Anliegen durch Fragen zu erhalten.
   Die durch die Gruppe formulierten Fragen verdeutlichen einem beratenen Kollegen bereits neue bisher nicht bedachte Aspekte des Themas.
2. In der Runde der Anerkennung gibt es eine Polyphonie der Wertschätzung fachlicher, emotionaler und persönlichkeitstypischer Aspekte der Herangehensweise der KollegIn.
3. In der Runde der Tipps, Ratschläge und Denkanstöße gilt: Es gibt nicht **die** richtige Patentlösung, **das** richtige Vorgehen, das der KollegIn geraten wird.

Vielmehr lädt das Verfahren eine Vielzahl unterschiedlicher Stimmen und Meinungen ein, die NICHT diskutiert werden, denn alle sind gleich berechtigt und gleich gültig.
Die beratene Kollegin wird (ob bald oder später) die Anregungen aufnehmen, die für sie und die Situation passend sind.

Bei der kurzen kollegialen Beratung, die keinerlei Vorbildung in Beratung verlangt, wird das Anliegen eher erfragt als berichtet. Die ModeratorIn sorgt für eine *kurze* Schilderung des Anliegens und bittet, dass das Team durch Fragen den Fall / das Anliegen erkunden darf.

Die Rolle der ModeratorIn beschränkt sich auf:

- Begrüßung
- Zusicherung der Vertraulichkeit
- Erläuterung des Ablaufs
- Moderation der Runden
- Abschluss

Und hier ist die Abfolge der 6 Schritte des kollegialen Beratungsmodells:

Schritt	Aufgabe der Moderation	Beispiel
1. Rahmen setzen	Die Moderatorin › begrüßt › stellt den Konsens zur Vertraulichkeit her und › erläutert kurz den Ablauf	*„Herzlich Willkommen zur kollegialen Beratung. Alle, die teilnehmen, verpflichten sich zur Vertraulichkeit. Ich werde Sie als Moderatorin durch 3 Runden führen. Es gibt einen Redestein, der die Runde macht: wer ihn hat, der ist an der Reihe. Er/sie kann sprechen, muss aber nicht, sondern kann den Stein auch einfach weitergeben."*

Schritt	Aufgabe der Moderation	Beispiel
2. Anliegen kurz schildern	Die Moderatorin bittet die Beratene ihr Anliegen sehr kurz (maximal 5 Minuten) zu schildern.	*„Frau ... wird uns heute ein Anliegen vorstellen. Die erste Vorstellung ist kurz, weil die Gruppe das Thema danach durch Fragen erforschen wird."*
3. Runde mit Informations-Fragen	Die Moderatorin lädt nun zu einer Runde (ja nach TN-Zahl auch 2–3 Runden) mit Informationsfragen ein. Sie achtet darauf, dass hier noch keine verdeckten Ratschläge erfolgen („Hast du schon einmal überlegt, zum Personalrat zu gehen?") und bittet, solche guten Ratschläge für die 3. Runde zurückzustellen.	*„Nun sind alle eingeladen zu Informationsfragen. Bitte stellen Sie immer nur eine Frage, höchstens noch mit einer kurzen Rückfrage. Bei Fragen, die eigentlich schon Ratschläge enthalten (‚Hast du schon einmal überlegt, zum Personalrat zu gehen?') werde ich Sie bitten, diese bis zur 3. Runde aufzuheben."*
4. Runde mit echter Anerkennung	Die Moderatorin lädt zu einer Runde mit ehrlicher Anerkennung ein. Die Anerkennung kann sich auch auf ganz kleine Aspekte des Themas beziehen und darf ruhig wiederholen, was schon andere genannt haben.	*„Nun kommen wir zu einer Runde mit ehrlicher Anerkennung. Wir benennen jede einen Aspekt, der gut gefallen hat daran, wie die Kollegin mit der Sache umgegangen ist. Das können auch Kleinigkeiten sein und Sie können ruhig wiederholen, was schon andere vor Ihnen gesagt haben."*
5. Runde mit Tipps und Ratschlägen	Die Moderatorin erklärt den Rahmen (alle Tipps und Ratschläge gleich gut) und die Regeln (keine Diskussion darüber).	*„Nun ist unsere Runde mit Tipps und Ratschlägen gekommen, das, was wir vielleicht an Stelle der Kollegin tun oder lassen würden. Das sind aber UNSERE Ein-*

Schritt	Aufgabe der Moderation	Beispiel
	Die Moderatorin erklärt den Rahmen (alle Tipps und Ratschläge gleich gut) und die Regeln (keine Diskussion darüber).	*schätzungen. Wenn wir Glück haben, ist das eine oder andere dabei, das heute oder übermorgen weiter hilft. Und weil es DEN richtigen Tipp nicht gibt, wollen wir die Ratschläge auch NICHT diskutieren. Sie können sich aber gerne Notizen machen zu allem, das Sie sich merken wollen."*
6. Dank und Abschied	Die Moderatorin bedankt sich bei der Person mit Anliegen und bei allen Teilnehmenden.	*„Herzlichen Dank, dass wir an Ihrem Anliegen lernen und Ideen entwickeln durften. Danke auch allen TeilnehmerInnen, verbunden mit der Bitte, die Angelegenheit damit abzuschließen und nicht in der Pause weiter darüber zu diskutieren."*

Förderliches Gruppenverfahren 2: Rückblick im Team

Die folgende Form stellt eine schöne Form für einen ressourcenorientierten Jahresrückblick dar, der alle KollegInnen mit Wertschätzung aus dem Schuljahr oder Arbeitsjahr entlässt.
In der Regel erfüllt es PädagogInnen mit Unbehagen, wenn KollegInnen ohne ihr Beisein über sie reden. In diesem Modell wird kräftig geredet, aber in Form von „positivem Klatsch".

Laden Sie Ihre KollegInnen zu einem Schuljahres-Rückblick im Team ein. Auch der Abschluss eines größeren Projektes kann so gestaltet werden.

Und dies ist der Ablauf:

Es werden möglichst nach einem Zufallsprinzip 3 bis 5 Kleingruppen gebildet, die folgende Aufgabe erhalten:

„Füllen Sie für jede Kollegin und jeden Kollegen, die NICHT in Ihrer Kleingruppe sind, eine Moderationskarte aus.

1. **Auf der Vorderseite soll ein ehrliches und kurzes Statement zu der Frage stehen: Das hat uns im letzten Jahr bei Ihnen / bei dir fachlich gefallen / imponiert:**

   ____

   ____

   ____

2. **Auf der Rückseite soll ein ehrliches und kurzes Statement zu der Frage stehen:**
   Das hat uns im letzten Jahr an Ihnen / an dir persönlich als Kollege / Kollegin besonders gefallen / gefreut:

   ____

   ____

   ____

Sie brauchen keinen Konsens herzustellen! Nehmen Sie einfach die wichtigsten und schönsten Anerkennungen auf, die in Ihrer Kleingruppe genannt werden.“

In einer großen Runde steht anschließend jede KollegIn einmal im Mittelpunkt. Die Moderationskarten werden von den Kleingruppen (gerne wechselnde SprecherInnen) verlesen, die jeweilige KollegIn beklatscht und die Karten übergeben.

7. Lese- und Fortbildungsempfehlungen 171

7. Lese- und Fortbildungsempfehlungen

Dieses Buch ist ein Praxisbuch. Es wird idealerweise ergänzt durch begleitende Fortbildungen und Lektüre. Hier folgt eine Auswahl an Lese- und Fortbildungsmöglichkeiten, die vielleicht hilfreich sind.

Bücher

BAUER, Christiane & Thomas HEGEMANN (2018): Ich schaff's. Cool ans Ziel. Heidelberg: Carl-Auer-Systeme.

BERG, Insoo Kim ([10]2015): Familien-Zusammenhalt(en). Ein kurz-therapeutisches und lösungs-orientiertes Arbeitsbuch. Dortmund: verlag modernes lernen.

BERG, Insoo & SHILTS, Lee (2009): Einfach Klasse. WOWW-Coaching in der Schule. Dortmund: verlag modernes lernen.

BLUM, Heike & BECK, Detlef (2016): No Blame Approach – Mobbing-Intervention in der Schule – Praxishandbuch. Köln: fairaend.

DE JONG, Peter & BERG, Insoo Kim ([7]2014): Lösungen (er-)finden. Das Werkstattbuch der lösungsorientierten Kurztherapie. Dortmund: verlag modernes lernen.

FURMAN, Ben (2017): Ich schaffs! Spielerisch und praktisch Lösungen mit Kindern finden. Heidelberg: Carl-Auer-Systeme.

HEGEMANN, Thomas & DISSERTORI PSENNER, Birgit (Hrsg.) (2018): „Ich schaffs!" in der Schule: Das lösungsfokussierte 15-Schritte-Programm für den schulischen Alltag. Heidelberg: Carl Auer Verlag.

PRIOR, Manfred & WINKLER, Heike (2019): MiniMax für Lehrer. 16 Kommunikations-Strategien mit maximaler Wirkung. Weinheim: Beltz.

SCHMITZ, Lilo ([3]2016): Lösungsorientierte Gesprächsführung. Richtig beraten mit sparsamen und entspannten Methoden. Dortmund: verlag modernes lernen.

SZABÓ, Peter & BERG, Insoo Kim ([5]2019): Kurzzeitcoaching mit Langzeitwirkung. Dortmund: *BORGMANN MEDIA.*

VOGT, Manfred (Hrsg.) (2015): WOWW in Aktion. Lösungsfokussierte Praxis macht Schule. Dortmund: verlag modernes lernen.

YOUNG, Sue (2015): Lösungsfokussierte Schule. Jenseits von Anti-Mobbing. Solutions Bad Homburg: Academy Verlag.

Empfehlenswerte Fort- und Weiterbildungen

ILBB – Institut für lösungsfokussierte Beratung Brühl Prof. Dr. Lilo Schmitz – **www.gutberaten.cologne**

„Ich schaff's" – Institut – **www.ichschaffs.de**

ILK Institut für lösungsfokussierte Kommunikation Bielefeld – **www.loesungsfokussiert.de**

ifr – Institut für Ressourcenorientierte Gesprächsführung Hamburg – **www.ifrhamburg.de**

NIK – Norddeutsches Institut für Kurzzeittherapie – **www.nik.de**

speziell für eine sichere und gewaltfreie Schule: **Fairaend** Köln – **www.fairaend.de**

Raum für Notizen:

Raum für Notizen:

Lösungen erfinden ...

Filip Caby / Andrea Caby

Die kleine Psychotherapeutische Schatzkiste • Teil 1

BEST SELLER

Tipps und Tricks für kleine und große Probleme vom Kindes-, Jugend- und Erwachsenenalter

„Das handliche Buch ist hervorragend geeignet, immer wieder eine einzelne Intervention herauszugreifen, sich mit ihr zu beschäftigen und zu üben. Dabei erheben die Cabys getreu dem systemisch-lösungsorientierten Ansatz keineswegs den Anspruch, das allein selig machende Rezept erfunden zu haben. Sie sprechen freundliche Einladungen aus, was daraus wird, bleibt jedem selbst überlassen. Wahre Kompetenz lässt sich nicht verbergen. Deshalb mein Tipp: Greifen Sie zu, lassen Sie die exzellenten Anregungen wirken und probieren Sie aus, was Ihnen schmeckt. Finden Sie ganz im Sinne Milton Ericksons die Lösungen, von denen Sie NOCH nicht wissen, dass Sie sie kennen!" Monika Bohn, Oberursel

„Meines Erachtens darf dieses kompakte Sammelsurium 'spannender und aufregender' Interventionen in keinem Bücherregal eines Praktikers fehlen. Insgesamt kann ich konstatieren, dass das Buch 'up-to-date' ist auf dem systemischen Büchermarkt." Dennis Bohlken, systemagazin.

4., überarb. und erw. Auflage 2017, 224 S., Format 16x23cm, Ringbindung | **ISBN 978-3-942976-18-3** | **Bestell-Nr. 9403** | **19,95 Euro**

Andrea Caby / Filip Caby

Die kleine Psychotherapeutische Schatzkiste • Teil 2

BEST SELLER

Weitere systemisch-lösungsorientierte Interventionen für die Arbeit mit Kindern, Jugendlichen, Erwachsenen oder Familien

Das bietet die zweite Schatzkiste: • Neue Interventionen • Neue Indikationen • Erweiterung der Topics aus Band 1 • Noch mehr Beispiele! Die Arbeit mit Kindern, Jugendlichen, Erwachsenen, Familien oder Gruppen fordert den Therapeuten, Psychologen, Arzt, Pädagogen oder Berater immer wieder aufs Neue heraus ... Für jede noch so ungewöhnliche Herausforderung eine Idee zu haben, kreativ und flexibel reagieren zu können und dabei möglichst lösungsorientiert zu sein, ist nicht immer einfach. Aber es kann durchaus leichter werden, wenn erprobte Interventionen, besondere Fragen oder „verstörende" Kommentare griffbereit sind. Dies ist auch das Anliegen der Autoren in diesem zweiten Band – einer Übersicht über weitere originelle Ideen und Handlungsmöglichkeiten im beratenden oder therapeutischen Alltag. Mit etwas Phantasie, wohl platzierten Worten, einer Portion Humor, gewohnten Dingen oder unerwarteten Aktionen kann ein Gespräch plötzlich eine andere Wendung bekommen, eine Perspektive entstehen oder der Klient bzw. Patient erneut zum Nachdenken angeregt werden.

3., durchges. Auflage 2017, 256 S., farbige Abb., 16x23cm, Ringbindung | **ISBN 978-3-942976-23-7** | **Bestell-Nr. 9423** | **19,95 Euro**

Christiane Born-Kaulbach / Tido Cammenga / Joachim Welter (Hrsg.)

Wundersame Wandlungen zur Selbstwirksamkeit

Neue lösungsfokussierte Strategien der Begleitung von Kindern, Jugendlichen und Familien am Beispiel der Jugendhilfe genial einfach – einfach genial

„Ob Sie im Bereich der Jugendhilfe, des Jugendamtes, von Beratungsstellen, Kinder- und Jugendpsychiatrien, Einrichtungen für Menschen mit körperlichen und/oder geistigen Einschränkungen oder auch in der Schule arbeiten, in diesem Buch werden Sie Anregungen finden, mit deren Hilfe Sie Bewährtes festigen und Neues erkunden und ausbauen können. Drei Einrichtungen unterschiedlicher Größe öffnen ihre Schatzkisten, um Sie zu ermutigen, sich davon anregen zu lassen und eigene Wege zu entwickeln. Hier werden lösungsfokussierte Verfahrensweisen und Methoden mit vielen Praxisbeispielen und Erläuterungen vorgestellt, die auf über 20 Jahren Erfahrung, Auswertung und Entwicklung beruhen. Die Verfahrensweisen ermöglichen es Ihnen, die Qualität Ihrer Kern-Arbeitsabläufe an den Schaltstellen der modernen Wirkungs- und Resilienzforschung auszubauen." Schweizerische Zeitschrift für Heilpädagogik

„Ein spannendes, kompaktes und optimistisches Buch, das den Blick auf schwierige Kinder und Jugendliche und den Blick auf die Möglichkeiten der Heimerziehung verändern und revolutionieren kann." Prof. Dr. Lilo Schmitz, socialnet.de

2. Aufl. 2020, 400 S., farbige Abb., Format 16x23cm, fester Einband
ISBN 978-3-8080-0768-6 | **Bestell-Nr. 4357** | **26,95 Euro**

Felicitas Bergmann / Delphine Bergmann

Krimskrams und Co.

BEST SELLER

Besondere und alltägliche Gegenstände in der Kindertherapie und Elternberatung

Wer „Schatzkisten" hat braucht auch „Krimskrams" ...

„Beide Autorinnen wenden sich aus der Praxisperspektive an die Leserschaft. Man erkennt es bereits beim Querlesen an dem Ideenreichtum und der eingängigen Struktur. Der Aufbau des Nachschlagewerkes ist selbsterklärend und einfach. ...Als angehende Verhaltenstherapeutin für Kinder- und Jugendlichenpsychotherapie möchte ich dieses Buch als sehr geeignet für den Praxisalltag bewerten. Es ist ein übersichtlicher Helfer bei schnellen Planungsabläufen im Therapiealltag für einen vergleichsweise geringen Anschaffungspreis.

Besonders wertvoll empfinde ich die Beispiele für die Psychoedukation zu verschiedenen Störungsbildern. Zudem regt das Buch dazu an, beschriebene Interventionen kreativ zu erweitern und eigene Methoden zu kombinieren. ... Insgesamt empfehle ich dieses Buch als bereichernde Grundausstattung für jede Kindertherapiepraxis." Yvonne Schulte, Verhaltenstherapie mit Kindern und Jugendlichen – Zeitschrift für die psychosoziale Praxis

2. Aufl. 2020, 256 S., Format 16x23cm, Klappenbroschur, Alter: ab 5
ISBN 978-3-8080-0791-4 | **Bestell-Nr. 4361** | **19,95 Euro**

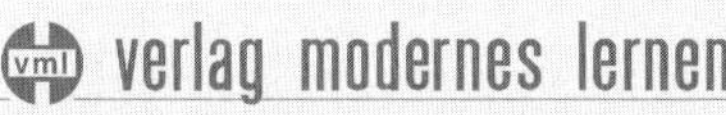

Schleefstraße 14, D-44287 Dortmund
Telefon 02 31 12 80 08, Fax 02 31 12 56 40
E-Mail: info@verlag-modernes-lernen.de
Leseproben und Bestellen im Internet: www.verlag-modernes-lernen.de

Soziales Lernen für die Praxis

Dagmar Pflug

Sich-fühlen • mit-fühlen • wohl-fühlen

Methodenhandbuch zur Thematisierung von Gefühlen
14 Gefühlskarten für die Arbeit mit Kindern und Jugendlichen

„Wie geht es dir gerade?"
Wenn andere meine Gefühle ernstnehmen, so gelingt mir dies auch viel besser, und ich fühle mich angenommen in der Gemeinschaft – eine wesentliche Voraussetzung für soziales Lernen und Anpassungsbereitschaft.
Dieses Handbuch enthält neben 14 Gefühlskarten klar verständliche (Spiel-) Anleitungen, um Gefühle zum Thema zu machen. Sie sind gezielt einsetzbar, um das Gruppen- und Arbeitsklima zu verbessern, das Selbstbewusstsein und die Wahrnehmung zu fördern, die sozialen Kompetenzen zu stärken, Konflikte zu bearbeiten, und sie dienen der Gewaltprävention.
Die Arbeit mit den Karten ist einfach, macht Spaß und erfordert kaum Vorbereitung – sie sind mit den Beschreibungen der spielerischen Übungen wertvolles Handwerkszeug für die Arbeit in Schule, Kindergarten, Hort oder ähnlichen Gruppengefügen.

3. Aufl. 2019, 48 S., 14 farbige Gefühlskarten zum Ausschneiden, UV-beständiger Drucklack, Format DIN A5, Ringbindung, Alter: 5–18
ISBN 978-3-942976-03-9 | Bestell-Nr. 9448 | 16,80 Euro

Dieter Krowatschek / Gordon Wingert / Gita Krowatschek

Soziales Lernen – pur!

Beliebte Übungen für die Arbeit in Gruppen

„Die durchdachten und wohlerprobten Übungen und Methoden beinhalten Neues und Bekannt-Bewährtes und scheinen mir zieldienlich zur Anbahnung und zum Aufbau sozialer Kompetenzen im pädagogischen Alltag. Sie sind vermutlich kein Allheilmittel und werden ihre Grenzen haben, wenn es um SchülerInnen mit hohem psycho-sozialen Förderbedarf geht. Sie dienen aus meiner Sicht eher dazu, Kinder zu lehren zum Brunnen zu gehen als dass sie Methoden oder Handwerkszeug zur Verfügung stellen, wenn das Kind – die Kinder und jugendlichen bzw. die Klassensituation – in den Brunnen gefallen ist, sie dort wieder herauszuholen, da werden weitere Konzepte und Maßnahmen erforderlich sein.
Ich wünsche dem Buch viele LeserInnen, die es nicht nur als Sammlung von schnell einsetzbaren Tools nutzen, sondern im Sinne der AutorInnen in ein Konzept von sozialem Lernen als Grundlage ihres schulischen und pädagogischen Handelns in ihre tägliche Unterrichtsgestaltung einbetten. Geeignet scheint es mir für den Einsatz vorrangig in Grund- und Förderschulen sowie in den unteren Stufen weiterführender Schulen."
Cornelia Tsirigotis, systhema

4. Aufl. 2019, 224 S., 16x23cm, Klappenbroschur, Alter: 6–66
ISBN 978-3-942976-22-0 | Bestell-Nr. 9421 | 18,80 Euro

Herbert Schatz / Dorothea Bräutigam

Weiter Locker Bleiben

Sozialtraining für Schüler mit sonderpädagogischem Förderbedarf
Neue Ideen aus Psychomotorik und Erlebnispädagogik

Hier werden 133 neue Spiele und Methoden vorgestellt; sie führen in kleinen Schritten von basalen zu höheren Kompetenzen und sprechen dabei besonders ältere Kinder und Jugendliche an. Der Leser muss sich keinem umfassend strukturierten Trainingsprogramm anpassen und bekommt zur Ausgestaltung sozialer Fördergruppen einen umfangreichen „Werkzeugkoffer" an die Hand, praxiserprobt und flexibel. Zahlreiche Fotos erleichtern das Verständnis. Wie eine Fördergruppe nachhaltig und mit vertretbarem Aufwand eingerichtet wird, zeigten die Autoren in Band Eins (s. rechts). Dieser Band nimmt Bezug auf die Lebens- und Erlebenswelt der in diesen Gruppen lernenden Schüler und gibt Impulse zum Verständnis herausfordernden Verhaltens. Aus den Entwicklungsbereichen Motorik und Wahrnehmung, Emotion und Sprache sowie Identität und Status werden Ressourcen betont. Das Buch öffnet psychomotorische Perspektiven der Gewaltprävention und gibt Anregungen, die motivieren – für Sport und Spiel, für Therapie und Pädagogik.

2. Aufl. 2018, 232 S., farbige Abb., Beigabe: Vorlagen auf CD-ROM, Format 16x23cm, Klappenbroschur, Alter: ab 8
ISBN 978-3-942976-13-8 | Bestell-Nr. 9456 | 21,95 Euro

Herbert Schatz / Dorothea Bräutigam

Locker Bleiben

Sozialtraining für Schüler mit sonderpädagogischem Förderbedarf – Handlungsorientierte Methoden zum Sozialen Lernen und zur Gewaltprävention

„Man kann mit diesem Buch komplex sowie mit einzelnen ausgesuchten Trainingseinheiten arbeiten. Der sehr gut strukturierte Aufbau ermöglicht den vielfältigen Einsatz mit Kindern. Zur Unterstützung und Vertiefung von handlungsorientierten Methoden befindet sich im Buch eine CD mit weiterem Einsatzmaterial. Das im Buch befindliche Trainingsmaterial gliedert sich in zwei Bereiche. Zum ersten erfährt der Pädagoge etwas über die theoretische Einführung zum Grundgedanken der Entwicklungspädagogik, die Ziele und Einsatzmöglichkeiten. Im zweiten Teil, dem Hauptteil findet man den großen Praxisteil mit einer Fülle von Trainingsideen, die methodisch präzise beschrieben und aufgearbeitet sind. Dabei handelt es sich um Themen wie 'Regeln und Strukturen', 'In kleinen Gruppen kooperieren' oder 'Provokation aushalten – Aggressionen verstehen'. Dieses Buch eignet sich hervorragend für den Gemeinsamen Unterricht. Mit über 122 Übungen und Methoden können Kinder mit und ohne Behinderung gut strukturiert arbeiten." AG Jugendliteratur & Medien der GEW

3. Aufl. 2017, 208 S., farbige Abb., Beigabe: Vorlagen auf CD-ROM + Online-Material, Format 16x23cm, Klappenbroschur, Alter: ab 8
ISBN 978-3-938187-82-1 | Bestell-Nr. 9430 | 21,95 Euro

vml verlag modernes lernen

Schleefstraße 14, D-44287 Dortmund
Telefon 02 31 12 80 08, Fax 02 31 12 56 40
E-Mail: info@verlag-modernes-lernen.de
Leseproben und Bestellen im Internet: www.verlag-modernes-lernen.de